J. GALOPIN

Ingénieur Civil, Ex-Officier Mécanicien
Directeur de l'École
des Mécaniciens de la Marine Marchande
de la Rochelle.

MANUEL

DU

Mécanicien

de la Marine

PREMIÈRE PARTIE

LES CHAUDIÈRES MARINES

PARIS

Librairie Bernard TIGNOL

PUBLICATIONS DE LA

LIBRAIRIE de l'ÉCOLE CENTRALE des ARTS & MANUFACTURES

53 *bis*, Quai des Grands-Augustins, 53 *bis*

MANUEL

DU

Mécanicien de la Marine

OUVRAGES DU MÊME AUTEUR

Manuel du Mécanicien de la Marine, 4 beaux volumes in-16,
nombreuses figures dans le texte. Cartonné toile anglaise.

1re PARTIE. — *Chaudières marines*, fig. 1 à 191 . . . . **3 fr.**

2e PARTIE. — *Conduite et entretien des chaudières* . . . . . **3 fr.**

3e PARTIE. — *Machines marines* . . . . **3 fr.**

4e PARTIE. — *Conduite et entretien des machines* . . . . . . **3 fr.**

Les 4 volumes pris ensemble . . . . **10 fr.**

Manuel pratique de Télégraphie sans fil, in-16, 100 figures,
cartonné toile. . . . . **3 fr.**

Manuel de l'Ouvrier Mécanicien, par M. GEORGES FRANCHE, ingé-
nieur-mécanicien (Arts et Métiers, E. C. P.).

1re PARTIE. — *Principes de Mécanique générale*. — In-16, cartonné
toile, figures 1 à 95, troisième édition. . . . . **2 fr.**

2e PARTIE. — *Outils, Machines-Outils*. — In-16, cartonné toile,
figures 96 à 174, troisième édition . . . . **2 fr.**

3e PARTIE. — *Forge et Fonderie, soudure autogène*, — In-16, cartonné toile, figures 175 à 317, troisième édition . . . . . **2 fr.**

4e PARTIE. — *Engrenages et Transmissions*. — In-16, cartonné toile,
figures 318 à 446, troisième édition . . . . **2 fr.**

5e PARTIE. — *Boulons, Rivets, Chaudronnerie : Assemblage*. —
In-16, cartonné toile, figures 407 à 573, deuxième édition. **2 fr.**

6e PARTIE. — *Machines à vapeur*. — In-16, cartonné toile, figures
574 à 700, troisième édition . . . . **2 fr.**

7e PARTIE. — *Moteurs à gaz et à pétrole*. — In-16, cartonné toile,
figures 701 à 801, troisième édition, Prix . . . . **2 fr.**

8e PARTIE. — *Moteurs hydrauliques, Roues, Turbines, Pompes*. —
In-16, cartonné toile, figures 802 à 872, 3e édition . . . . **2 fr.**

9e PARTIE. — *Technique du Tourneur et du Fileteur*. — In-16, cart.
toile, 286 figures . . . . **3 fr.**

10e PARTIE. — *Dessin, Mécanique d'atelier*. — In-16, cartonné toile,
50 figures et 50 planches . . . . **3 fr.**

Les dix volumes pris ensemble. . . . . **20 fr.**

Catéchisme des Chauffeurs et Machinistes, huitième édition,
revue et augmentée. In-16, cart. toile, 55 figures. . . . . . **2 fr.**

BIBLIOTHÈQUE DES ACTUALITÉS INDUSTRIELLES, N° 157

MANUEL

DU

Mécanicien de la Marine

PAR

J. GALOPIN

Ingénieur Civil, Ex-Officier Mécanicien
Directeur de l'École
des Mécaniciens de la Marine Marchande de la Rochelle.

Ire PARTIE

LES CHAUDIÈRES MARINES

Figures 1 à 191.

PARIS
LIBRAIRIE BERNARD TIGNOL
PUBLICATIONS DE LA
LIBRAIRIE DE L'ÉCOLE CENTRALE DES ARTS ET MANUFACTURE
53 bis, Quai des Grands-Augustins, 53 bis

LES
CHAUDIÈRES MARINES

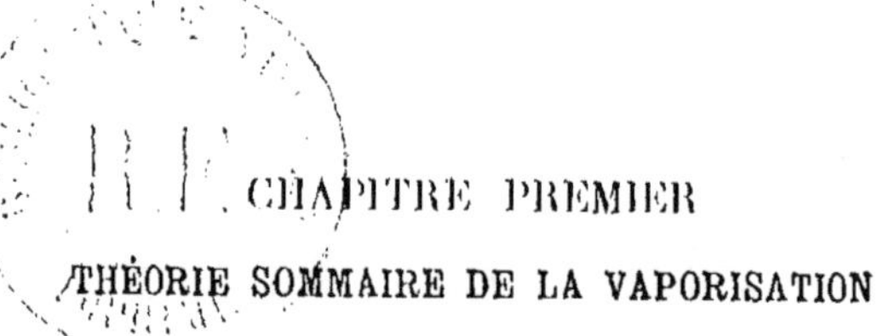

CHAPITRE PREMIER
THÉORIE SOMMAIRE DE LA VAPORISATION

On appelle vaporisation le phénomène physique en vertu duquel un liquide passe à l'état gazeux, soit par suite d'une élévation de température, soit par suite d'une diminution de pression, soit par l'action simultanée de ces deux causes.

Loi de Mariotte. — Les volumes occupés par une même masse de gaz à température constante sont inversement proportionnels aux pressions qu'elle supporte.

$$(1) \qquad VH = V'H' = V''H'' \dots \text{ etc.}$$

(V. V'V''..... volumes et H. H'H''..... pressions correspondantes.)

Cette loi de Mariotte n'est qu'approchée mais nous pourrons dans la pratique l'admettre comme exacte.

Loi de Gay-Lussac. — Les volumes occupés par une même masse de gaz à pression constante sont proportionnels aux binômes de dilatation correspondant aux diverses températures auxquelles peut être portée cette masse de gaz.

$$(2) \qquad \frac{V}{1+\alpha t} = \frac{V'}{1+\alpha t'} = \frac{V''}{1+\alpha t''} \dots \text{ etc.}$$

Combinaison des 2 lois précédentes. — Les produits des volumes qu'occupent une même masse de gaz par les pressions correspondantes sont proportionnels aux binômes de dilatation correspondant aux températures auxquelles est portée cette masse de gaz.

$$\frac{VH}{1+\alpha t} = \frac{V'H'}{1+\alpha t'} = \frac{V''H''}{1+\alpha t''} \ldots \text{etc.}$$

N. B. *Nous admettrons pour valeur de α,* $\dfrac{1}{273}$ *ou* 0,00367.

Dans le cas particulier où H_0 et V_0 sont la pression et le volume de la masse donnée à 0 degré centigrade on a alors

$$(3) \qquad \frac{VH}{1+\alpha t} = \frac{V_0 H_0}{1+\alpha.0} = V_0 H_0$$

ou

$$VH = V_0 H_0 (1+\alpha t) = V_0 H_0 \left(1 + \frac{t}{273}\right) = \frac{V_0 H_0 (273 + t)}{273}$$

ou en posant

$$\frac{V_0 H_0}{273} = R \text{ et } T = t + 273 \text{ (température absolue)}$$

on a

$$(4) \qquad\qquad VH = RT$$

(On sait en effet que le 0° absolu en thermodynamique correspond à $-273°$ et que $V_0 H_0$ est constant pour une masse donnée de chaque gaz.

En faisant dans la formule (3) $t = 0$ et $H_0 = 76$ centimètres de Hg, on déduit facilement la formule donnant la masse d'un gaz connaissant son volume V sa pression H, la température t et sa densité relative d à 0 degré et, sous 76 centimètres. On a :

$$(5) \qquad M = \frac{V}{1+\alpha t} \times \frac{H}{76} \times d \times 0,001293,$$

Différence entre les gaz et les vapeurs. — Il est de la plus haute importance d'observer que les vapeurs en général et celle de l'eau en particulier diffèrent essentiellement des gaz tant que ces vapeurs ne sont pas saturantes ou si l'on préfère tant que l'espace qu'elles occupent n'est pas saturé.

Dans le cas de vapeurs saturantes il y a une analogie pratiquemment suffisante entre les gaz et les vapeurs pour que nous puissions admettre dans tout ce qui fera l'objet de ce cours les cinq formules précédentes.

Table des pressions effectives de la vapeur d'eau

en kilogrammes par centimètre carré
correspondant aux températures en degrés centigrades.

TEMPÉRATURES	PRESSIONS	TEMPÉRATURES	PRESSIONS
100	0 effectif ou pression atmosphérique.	183	10
		185	10,5
111	0,5	187	11
120	1	189	11,5
127	1,5	191	12
133	2	193	12,5
138	2,5	194	13
143	3	196	13,5
147	3,5	197	14
151	4	199	14,5
155	4,5	200	15
158	5	202	15,5
161	5,5	203	16
164	6	205	16,5
167	6,5	206	17
170	7	208	17,5
173	7,5	209	18
175	8	210	18,5
177	8,5	211	19
179	9	213	19,5
181	9,5	214	20

Formule pratique. — Dans la pratique on peut trouver rapidement la pression absolue qui correspond à une température déterminée en faisant usage de la formule $H = T^4$ dans laquelle H est la pression absolue en kilogrammes et T la température en centièmes de degré.

Exemple : à 200 degrés on aura d'après la formule $H = 2^4 = 16$ kg. soit une pression effective de 15 kg.

C'est bien ce que nous donne la table.

Chaleur spécifique des gaz. — On appelle chaleur spécifique d'un gaz la quantité de chaleur nécessaire pour élever de 1 degré la température d'un kilogramme du gaz.

Tout gaz a deux chaleurs spécifiques différentes : l'une c est la chaleur spécifique à volume constant; l'autre C, la chaleur spécifique à pression constante, Le rapport $\dfrac{C}{c}$ est constant pour tous les gaz et égal à $\dfrac{4}{3}$ environ.

Chaleurs de vaporisation. — On appelle *chaleur totale* de vaporisation de l'eau à une température déterminée t, la quantité de chaleur nécessaire pour transformer 1 kg. d'eau prise à 0 degré en vapeur saturante à la température considérée. Elle est donnée par la formule de Regnault

$$(6) \qquad Q = 606,5 + 0,305\, t$$

Lorsque l'eau est déjà à une température t' la formule devient :

$$(7) \qquad Q' = 606,5 + 0,305\, t - t'$$

Pour une masse M on aurait

$$(8) \qquad Q'' = M\,(606,5 + 0,305\, t - t')$$

On appelle *chaleur de vaporisation* à une température déterminée la quantité de chaleur nécessaire pour transformer en vapeur saturante 1 kg. d'eau prise à la température considérée.

On voit d'après la formule (6) que la chaleur totale de vaporisation de l'eau à 100 degrés est de

$$606,5 + 30,5 = 637 \text{ calories}$$

et d'après la formule (7) que la chaleur de vaporisation est de :

$$637 - 100 = 537 \text{ calories}$$

N. B. *(La calorie est la quantité de chaleur nécessaire pour élever de 1° la température d'un kg. d'eau).*

CHAPITRE II

NOTIONS SOMMAIRES SUR LES PRINCIPAUX MÉTAUX EMPLOYÉS DANS LA CONSTRUCTION DES CHAUDIÈRES ET MACHINES

Fer. (*Fe*). — Poids atomique : 56.

Le fer est un métal très répandu dans la nature, où il existe à l'état de minerais mélangés à une gangue calcaire ou siliceuse. — On exploite surtout les minerais spéciaux dits « oxydes de fer », On réduit ces oxydes par l'oxyde de carbone après les avoir lavés pour les séparer de la gangue.

La réduction du minerai se fait soit par la méthode catalane soit par la méthode des hauts-fourneaux. La première a d'ailleurs actuellement presque totalement disparu.

Dans la seconde, le minerai (auquel on a ajouté un fondant destiné à transformer sa gangue en un silicate fusible), subit les réactions suivantes : 1° dessiccation ; 2° réduction par l'oxyde de carbone emprunté à du charbon ou du coke incandescent, ce qui donne lieu à formation de fonte et de laitier ; 3° fusion de la fonte et du laitier.

Le laitier plus léger que la fonte surnage, ce qui permet de l'extraire par une sorte d'écrémage.

On recueille la fonte dans des canaux en sable creusés dans le sol, où elle se solidifie sous forme de « gueuses ».

Fontes. — Les fontes sont des composés de fer et de carbone. Elles se divisent en deux catégories.

1° *Fonte grise.* — Cette fonte se produit lorsque la température du haut-fourneau a été très élevée. Elle fond vers

1200 degrés, est très fluide et très propre au moulage ; elle se laisse bien travailler. Sa densité est de 7 environ.

2° *Fonte blanche* (appelée aussi fonte froide). — Contrairement à la précédente, celle-ci se produit lorsque la température n'a pas été très élevée dans le haut fourneau.

Elle est dure, cassante et difficile à travailler. Elle fond vers 1100° mais en restant pâteuse, ce qui la rend impropre au moulage.

Fonte truitée. — On appelle ainsi un mélange de fonte grise et de fonte blanche. Cette fonte est excellente pour le moulage, mais difficile à travailler.

Fontes manganésifères. — Ces fontes contiennent de 4 à 5 p. 100 de carbone et des proportions variables de manganèse.

Ce genre de fonte est très recherché pour la fabrication de l'acier.

Fonte malléable. — C'est une fonte qui ressemble beaucoup au fer. Elle se lime et se polit bien, se forge à basse température, mais ne peut se souder.

Propriétés de la fonte. — D'une façon générale, la fonte ne peut se souder, ni à elle-même, ni au fer. Elle est très difficile à tarauder, les filets s'arrachant ou se formant mal. Elle est peu résistante, sauf aux efforts de compression, ce qui la fait rechercher pour les bâtis de machines.

En raison de la curieuse propriété dont elle jouit d'augmenter de volume en se solidifiant, on l'emploie surtout pour les pièces de forme complexe telles que cylindres, plateaux, tiroirs, etc. Par sa solidification en effet elle épouse exactement toutes les formes du moule.

A noter cependant qu'en se refroidissant après solidification elle diminue de volume. C'est ce qu'on appelle le *retrait* de la fonte. Il est d'environ 1 centimètre par mètre, ce qui fait que les mode leurs ont généralement des mètres faisant 101 centimètres.

Affinage de la fonte. - Fer proprement dit. — L'affinage de la fonte a pour but d'enlever à la fonte le carbone qu'elle contient de façon à obtenir du fer. — L'opération consiste en principe à oxyder ce carbone soit par un courant d'air, soit par des battitures.

L'opération qui consiste à brasser la fonte liquide avec des battitures se nomme « puddlage » ou méthode anglaise. C'est la méthode la plus employée.

Propriétés physiques du fer. — D'un gris bleuâtre, le fer est susceptible d'un beau poli.

Il est ductible et malléable. Sa densité est de 7,8 environ. Ce métal fond vers 1500°; dès qu'il est rouge, il peut se forger et quand il atteint l'état pâteux, on peut le souder à lui-même.

Il est attiré par les aimants, s'aimante à leur contact mais perd cette propriété dès que le contact cesse.

Propriétés chimiques. — Inaltérable à l'air sec, le fer est au contraire rapidement attaqué au contact de l'air humide. Il se recouvre alors d'une couche d'oxyde appelée rouille.

Tôles. — Le fer réduit en feuilles au laminoir, donne les tôles de fer, variant comme épaisseur de 1/2 à 6 millimètres.

Qualités du fer. — On reconnaît pratiquement la qualité d'un fer, à la cassure, ou par le travail à la forge.

Si la cassure est fine et régulière, le fer est bon. Si elle est granuleuse, il est mauvais.

En le forgeant, le fer de mauvaise qualité devient pailleux; on peut en outre reconnaître la qualité d'un fer de la manière suivante : on en prend un barreau de faibles dimensions que l'on entaille à la tranche suivant une section transversale. On place ce barreau en porte à faux contre un tas ou une enclume et on frappe dessus un coup sec avec un marteau à devant. Le fer de bonne qualité se plie, mais le mauvais fer se rompt immédiatement.

La résistance du fer à la rupture est d'environ 80 kg. par millimètres carré.

Acier. — L'acier est du fer carburé à 10 ou 15 p. 1000. On l'obtient soit en carburant le fer, soit en décarburant partiellement la fonte, soit en décarburant totalement la fonte par l'insufflation d'un violent courant d'air, pour recarburer partiellement le fer obtenu par des fontes manganésifères dont on connait la composition. Ce dernier procédé porte le le nom de procédé Bessemer. C'est actuellement le plus employé.

Acier moulé. — Cet acier remplace la fonte pour certaines pièces de machines. Son retrait est de deux centimètres par mètre.

Acier fondu. — L'acier fondu est très homogène. Il est susceptible d'une très bonne trempe et sert surtout à la fabrication des outils.

Acier cémenté. — On le prépare en faisant agir du carbone sur le fer, à température élevée et à l'abri de l'air. L'acier obtenu est peu homogène, la surface des barres étant plus aciérée que le centre. De nombreuses pièces de machines, en particulier les gros écrous sont cémentés à la surface de façon à ne pas se déformer sous les chocs pendant les démontages.

Tôle d'acier. — Ces tôles s'obtiennent comme les tôles de fer.

Propriétés générales des aciers. — Ils sont d'un gris clair; leur grain est régulier. Moins ductibles que le fer, ils sont en revanche beaucoup plus malléables. Ils fondent vers 1400° peuvent se tremper et s'aimanter à demeure.

Conditions de recette des aciers. — La Compagnie générale Transatlantique exige, pour les aciers doux qu'on lui fournit, une résistance de 42 à 47 kg. et un allongement minimum de 22 p. 100 mesuré sur 200 millimètres, barrettes tournées au diamètre de 20 millimètres. Ployage à bloc après trempe sur barreaux de 15×30.

Cuivre (*Cu*). — Poids atomique : 65.

Se trouve le plus fréquemment dans la nature à l'état de sulfures qu'on nomme minerais de cuivre ou pyrites de cuivre.

Les pyrites sont grillées dans des fours spéciaux de façon à éliminer le soufre qu'elles renferment, et on obtient des oxydes que l'on fait chauffer additionnés d'un fondant. On obtient alors un minerai nouveau que l'on appelle « matte » et auquel on doit faire subir encore plusieurs opérations de grillage avant d'obtenir le « cuivre brut ». Ce dernier est enfin affiné soit dans un convertisseur genre Bessemer soit par un procédé électrolytique.

Propriétés physiques. — Sa densité est 8,9 ; il est de couleur rouge-rose, excellent conducteur de la chaleur et de l'électricité, ductible et malléable. Il fond vers 1100° ; s'écrouit au laminage et se ramollit à la trempe.

Propriétés chimiques. — Inaltérable à l'air sec, à l'air humide il se recouvre de vert-de-gris.

Il jouit de la propriété d'être peu attaqué par l'acide chlorhydrique, même à chaud.

Usages. — Le cuivre a servi longtemps à la confection des tubes de chaudières, mais il est aujourd'hui remplacé par l'acier étiré et sans soudure.

Actuellement il sert surtout à la confection des tuyautages, au doublage des navires et rentre dans la composition d'un grand nombre d'alliages.

Zinc (*Zn*). — Poids atomique : 65.

Il se rencontre dans la nature sous forme de minerais appelés blende ou calamine, desquels on l'extrait par les deux opérations successives du grillage et de réduction de l'oxyde par le charbon.

Propriétés physiques. — D'une couleur blanc-bleuâtre ; cassant à la température ordinaire. Sa densité est de 7 environ. Il fond vers 410° et se lime très difficilement étant trop mou.

Propriétés chimiques : usages. — Il ne s'oxyde pas dans l'air sec. Dans l'air humide, il se recouvre d'une couche d'oxyde qui lui sert ensuite d'enduit protecteur.

Il est très attaquable par le courant électrique, ce qui le fait rechercher dans la confection des piles, et pour empêcher dans les chaudières et les condenseurs, l'action des acides sur le métal de ces appareils.

Il s'emploie également dans plusieurs alliages et sert à la confection d'un mastic appelé blanc de zinc utilisé en peinture et pour la confection de divers joints.

Plomb (*Pb*). — Poids atomique : 207.

Le plomb se trouve dans la nature à l'état de minerai ou galène. Dans ce cas encore le minerai est grillé puis du corps obtenu on extrait le plomb, soit par réaction, soit par réduction, soit par précipitation ; le plomb obtenu dans chaque cas doit d'ailleurs être affiné.

Propriétés physiques. — Il est d'une couleur gris-bleuâtre. Sa cassure lorsqu'elle est fraîche est très brillante. Il est mou, ductible et malléable. Sa densité est de 11,35. Il fond vers 330°.

Propriétés chimiques. — Le plomb s'oxyde très rapidement à l'air. L'eau pure et privée d'air n'exerce aucune action sur le plomb mais si elle est aérée, le métal se recouvre d'un sel de plomb, très toxique. Il n'est presque pas attaqué par les acides.

Usage. — Il sert à confectionner des joints, des fils, pour reprendre le serrage des articulations, des tuyaux, des fusibles pour circuits électriques, rentre dans la composition de certains mastics, des accumulateurs, de certaines soudures.

Etain (*Sn*). — Poids atomique : 118.

Comme les métaux précédents, l'étain se trouve dans la nature sous forme de minerai, qu'on nomme « cassitérite ».

Le minerai, après avoir été trié, broyé et lavé, est encore soumis à un grillage puis réduit par le charbon.

Propriétés physiques. — De couleur blanche, assez brillant, l'étain est un métal mou, peu ductible mais malléable. Sa densité est de 7,3 ; il fond vers 340°. Il fond donc à une température très basse ; en opérant avec précaution, on peut même le fondre si on le chauffe sur une feuille de papier. Lorsqu'on plie une barre d'étain, on entend un bruit particulier dû à la rupture des cristaux, et qu'on appelle cri de l'étain.

Propriétés chimiques. — L'étain s'oxyde très peu à la température ordinaire, mais, par contre, à chaud il s'oxyde très rapidement.

Usages. — Il est employé dans l'opération qu'on appelle « étamage » et qui a pour but de recouvrir les métaux oxydables d'une faible couche d'étain pour les préserver de l'oxydation. Il s'emploie également dans un grand nombre d'alliages et de soudures.

Fer-blanc. — C'est de la tôle de faible épaisseur que l'on a étamée. On l'obtient en plongeant la tôle bien décapée dans un bain d'étain fondu recouvert de graisse.

Nickel (*Ni*). — Poids atomique : 51

Le nickel se rencontre à l'état de minerai. C'est un métal blanc, très dur de densité 8,5.

Il est inaltérable à l'air à la température ordinaire.

Il est surtout employé pour recouvrir et préserver de l'oxydation, tout en leur donnant cette belle couleur argentée que l'on connaît, une foule d'appareils de précision fabriqués avec des métaux oxydables.

Aluminium (*Al*). — Poids atomique : 27.

Ce métal se trouve dans la nature à l'état de combinaison avec un oxyde ou alumine et avec certaines qualités d'argiles. On extrait aujourd'hui l'aluminium de ces corps par des procédés électriques.

Propriétés physiques. — Métal blanc, de densité 3,5. Il fond vers 600 degrés. A résistance égale il pèse trois fois moins que l'acier.

Propriétés chimiques. — Il ne s'oxyde pas à l'air, mais est désagrégé par l'eau de mer. Son prix de revient est d'ailleurs très élevé. Aussi n'est-il guère employé dans la marine que dans certains alliages de bronze.

CHAPITRE III

ALLIAGES DIVERS

Bronzes. — Les bronzes sont des alliages de cuivre et d'étain dans des proportions variables suivant leur usage. *Le bronze ordinaire* contient environ 80 parties de cuivre pour 20 d'étain. Sa densité est 8,5. Il est susceptible d'un beau poli et possède une grande douceur de frottement. Aussi est-il employé pour les coussinets d'un grand nombre d'articulations,

Le bronze ordinaire acquiert cependant des propriétés nouvelles lorsqu'on l'additionne d'environ 0,7 p. 100 de phosphore. Il est alors moins attaquable par les acides et les agents atmosphériques. Il prend le nom de *bronze phosphoreux*. Il est surtout employé dans la confection des hélices.

Un autre bronze spécial est le *bronze d'aluminium* employé dans la confection des appareils de précision. Il renferme 90 p. 100 de cuivre pour 10 d'aluminium.

Laiton (*appelé aussi cuivre jaune*). — C'est un alliage de cuivre et de zinc en proportions variables. D'une couleur jaune susceptible d'un beau poli, il a servi autrefois à la confection des tubes de chaudières à cause de sa haute conductibilité. Il sert encore aujourd'hui à la confection des tubes de condenseur, de la robinetterie, des masques et enveloppes pour cylindres et tuyautage. Il se travaille à froid et sans être recuit. A chaud il se ramollit et devient cassant.

Quand on doit le travailler au tour, on lui ajoute un peu de plomb et d'étain, pour qu'il ne graisse pas les outils.

Métal antifriction. — C'est un alliage renfermant 89 parties d'étain, 7 d'antimoine et 4 de cuivre. (L'antimoine est un métalloïde, à l'aspect métallique, fondant vers 425°.) L'alliage ainsi obtenu a un frottement très doux.

Cette propriété l'a fait employer pour garnir les coussinets. Il a aussi sur le bronze l'avantage d'être assez mou pour se laisser pénétrer par les corps durs; en outre, lors d'un échauffement il fond, permettant à la machine de continuer à tourner, tandis que les coussinets en bronze se referment et peuvent bloquer la machine.

On s'en sert également pour garnir les patins de glissières, les bagues de pistons, etc.

Maillechort. — Alliage formé de 50 parties de cuivre, 30 de zinc et 20 de nickel. Il est blanc, très dur, peu altérable. Sert à la fabrication de nombreux appareils de précision, à la confection des résistances électriques, etc.

Soudures. — Les principales soudures employées dans la marine pour réunir deux métaux sont (en mettant à part les soudures homogènes et autogènes) :

1° *Soudure des ferblantiers.* — Elle se compose de 2 parties d'étain et une partie de plomb. Elle sert à souder le fer-blanc, le zinc et le cuivre.

Sa résistance à la rupture est d'environ 3 kilogrammes par millimètre carré. Aussi ne doit-on l'employer que pour de très faibles efforts. Son point de fusion très bas l'a fait d'ailleurs rejeter pour tout ce qui concerne la réparation des conduits de vapeur.

2º *Soudure des plombiers*. — Elle se compose de 2 parties de plomb et une de zinc. Employée dans la soudure des tuyaux de plomb, sa résistance à la rupture n'est que de 2 kilogrammes par millimètre carré.

Brasures. — Les brasures sont des alliages à base de cuivre. Elles servent comme les soudures à réunir les métaux entre eux.

En particulier, le fer se brase avec du cuivre pur.

1º *Brasure forte*. — Sert à braser le cuivre rouge. Renferme 50 p. 100 de cuivre et 50 p. 100 de zinc. Sa résistance à la rupture atteint 12 kilogrammes.

2º *Brasure tendre*. — Sert à braser le laiton. Contient 25 p. 100 de cuivre et 75 p. 100 de zinc. Résistance 8 kilogrammes par millimètre carré.

Les charges de sécurité sont environ le 1/5 des chiffres précédents.

CHAPITRE IV

GÉNÉRALITÉS SUR LES CHAUDIÈRES

Les chaudières employées dans la marine appartiennent aux deux grands systèmes existants :

1º Système dans lequel la flamme est intérieure aux tubes ou système *tubulaire*.

2º Système dans lequel la flamme est extérieure aux tubes, ou système *aquatubulaire*.

Dans le premier système nous étudierons les chaudières à *flamme en retour* et les chaudières à *flamme directe*.

Dans le second, les chaudières *Nichausse*, *Belleville*, Babcock et Wilcox, Lagrafel et d'Allest, Yarrow, Thornycroft, Du Temple, Guyot, Normand.

Quelle que soit la chaudière à laquelle on puisse avoir affaire, toutes ont des détails communs que nous allons examiner avant d'entreprendre l'étude spéciale à chaque type.

Chacune des chaudières précédentes comprend essentiellement : une enveloppe, un foyer, un faisceau tubulaire, une cheminée, une chambre à eau, une chambre à vapeur, des appareils accessoires.

Enveloppe. — Toutes les enveloppes des chaudières sont en acier extra-doux, provenant des fours Siemens-Martin. Cet acier donne des tôles de qualité supérieure et qui ont l'immense avantage de ne pas prendre la trempe.

Four Siemens-Martin. — Le four Siemens-Martin a pour but de convertir la fonte en acier dur ou doux. Ce dernier cas est celui qui concerne les tôles de chaudières.

Le four est chauffé au gaz pauvre (oxyde de carbone produit par un gazogène), avec mélange d'air.

Il se compose (fig. 1) de deux chambres à gaz identiques

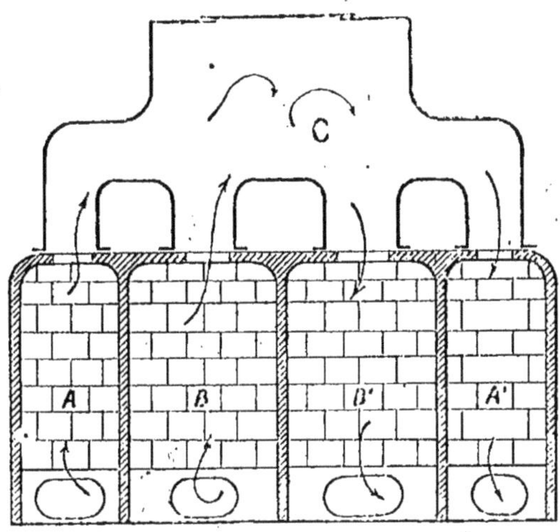

Fig. 1.

A et A et de deux chambres à air également identiques, B et B', toutes ces chambres étant intérieurement revêtues de briques réfractaires.

Ces chambres peuvent être mises deux à deux (air et gaz), alternativement en communication avec les arrivées et avec les évacuations à la cheminée.

Ainsi par exemple, dans une première opération, on fera arriver le gaz en A et l'air en B. Le mélange enflammé chauffera le four proprement dit C puis les chambres A' et B' et de là, les gaz de la combustion iront à la cheminée.

Imaginons alors un système qui puisse mettre maintenant

les chambres A' et B' en communication avec les arrivées, et A et B en communication avec la cheminée.

On pourra alors chauffer de la même manière que précédemment, A et B.

Mais, tandis que A' et B' sont chaudes (température d'environ 1000°), on introduit dans le four des gueuses de fonte chauffées au rouge.

La chaleur du gaz en porte rapidement la température à 1500°, point de fusion de la fonte.

On introduit alors des morceaux de fer très oxydés dans la masse en fusion, morceaux de fer que l'on a préalablement chauffés au rouge, pour ne pas trop diminuer la température du bain.

Puis on brasse le mélange. L'oxyde de fer décarbure la fonte. On s'arrête, quand on a un acier contenant deux pour mille environ de carbone.

On se rend d'ailleurs compte du degré de l'affinage en prélevant de temps en temps quelques échantillons qui sont soumis à des essais. Le plus souvent même, on pousse l'opération jusqu'à complète oxydation de toutes les impuretés, et la masse liquide est ensuite raffinée par l'addition de ferro-manganèse qui réduit l'oxyde de fer et recarbure le métal. On coule ensuite l'acier dans des moules spéciaux ou lingotières dans lesquels on le laisse refroidir jusque vers 300°. Puis on le démoule et on le conserve chaud jusqu'à l'opération du laminage.

Dans cette opération pour laquelle plusieurs trains de laminoirs sont nécessaires, on est obligé de chauffer constamment l'acier.

Inversion du courant. — Divers systèmes d'inverseurs du courant des gaz existent. La figure 2 représente schématiquement un moyen d'arriver à ce résultat :

a est l'arrivée du gaz ; *b* la communication avec la cheminée.

Dans deux cylindres c et c' se meuvent solidairement deux pistons p et p' qu'on peut à volonté placer dans la position 1 ou dans la position 2 *(indiquée par un pointillé)*.

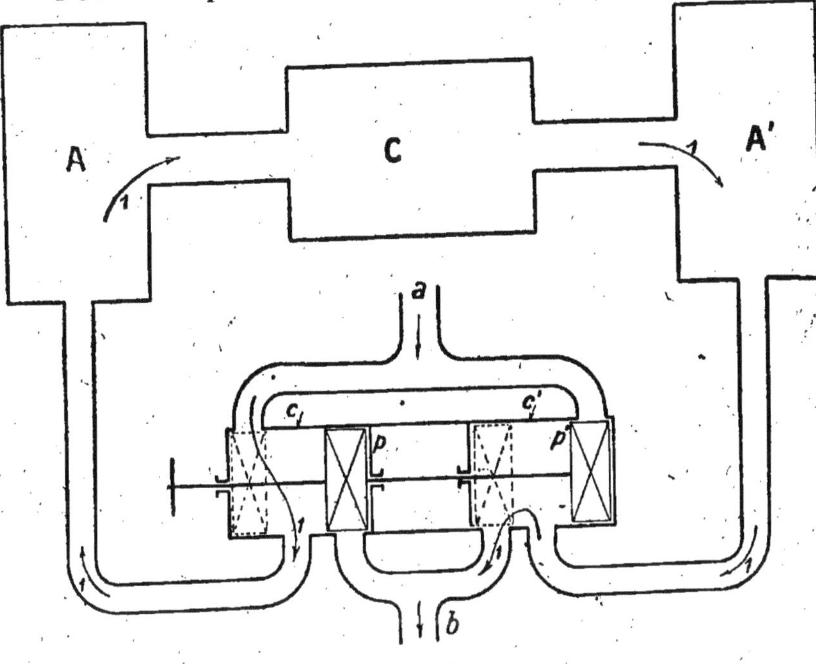

Fig. 2.

Dans la position 1 on voit très clairement que le courant se fait suivant a A C A' et b.

Dans la position 2 au contraire le courant suit le chemin a A' C A b, c'est-à-dire qu'en passant de la position 1 à la position 2 on a bien inversé le courant.

Un même dispositif peut exister simultanément pour l'air.

Tôles. — Les tôles employées sont de dimensions et d'épaisseur variables, suivant l'usage auquel elles sont destinées.

1° *Tôles fines* ; s'emploient surtout dans les parties de formes sinueuses ou lorsqu'on a besoin d'une forte résistance ou d'une grande ductilité.

2° *Tôles ordinaires*; s'emploient dans les parties planes (par exemple dans les cloisonnements) n'ayant pas de pression à supporter.

3° *Tôles supérieures*; s'emploient dans toutes les parties soumises à la pression de la vapeur.

Ces dernières tôles, en acier doux, doivent pouvoir supporter une résistance minima de 35 kilogrammes par millimètre carré, cette résistance ne devant pas d'ailleurs dépasser 48 kilogrammes.

L'allongement sur une barrette de 200 millimètres de long. de 30 p. 100 (35 kilogrammes) à 20 p. 100 (48 kilogrammes).

La qualité de l'acier est déterminée par un essai de traction sur la barrette précédente et par des essais de trempe.

On prend pour cela une bande de tôle de 40 à 50 millimètres de largeur dont on aura bien dressé les diverses arêtes.

Cette bande est chauffée au rouge sombre et plongée dans de l'eau à 28° centigrades ; puis elle sera repliée en forme de fer à cheval à branches parallèles et tel que le rayon de courbure intérieur soit inférieur à une fois et demie l'épaisseur de la bande.

Après ce travail on ne devra relever sur la tôle aucune trace de gerçure.

Calcul de l'épaisseur d'une tôle de chaudière. — De nombreuses formules sont actuellement en usage ; toutes sont bonnes car elles sont fort souvent déterminées empiriquement par les constructeurs eux-mêmes. Nous nous contenterons d'en donner une, prise parmi les plus simples et que nous avons eu maintes fois à employer.

L'effort qui tend à rompre une chaudière à vapeur cylindrique suivant une génératrice par millimètre de longueur est exprimé par $\dfrac{P\,D}{2}$ (P étant la pression effective en kilogrammes par millimètre carré et D le diamètre de la chaudière en millimètres.

L'effort tendant à produire la rupture des fonds de la chaudière est $\dfrac{P\,D}{4}$.

Si l'on désigne par f la résistance par millimètre carré du métal à la traction (6 à 8 kilogrammes en moyenne) on aura l'épaisseur e en millimètres par la formule

$$e = \frac{P\,D}{2\,f} \quad \text{pour les tôles du contour}$$

et

$$e = \frac{P\,D}{4\,f} \quad \text{pour épaisseur des tôles de fond.}$$

Assemblage des tôles. — Les tôles sont assemblées au moyen de rivets en acier extra doux.

Les trous doivent être percés au foret et non au poinçon, puis alésés en cône et de façon à juxtaposer les petites bases.

Les rivets les plus employés dans la marine ont la forme

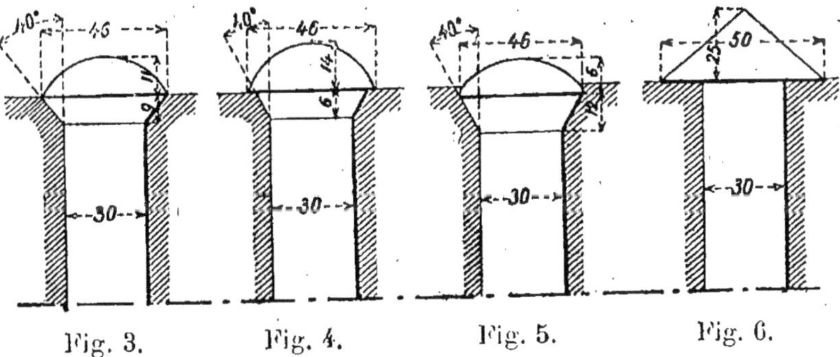

Fig. 3.   Fig. 4.   Fig. 5.   Fig. 6.

des figures 3, 4, 5 et 6 : (fig. 3) tête à demi-fraisée ; (fig. 4) tête normale ; (fig. 5) tête entièrement fraisée ; (fig. 6) tête conique.

L'étude de la résistance des matériaux apprend à calculer les différentes dimensions des rivets.

En pratique il nous suffira de savoir que le diamètre du rivet doit être pris égal à l'épaisseur des deux tôles à réunir pour des tôles moyennes ; il est plus faible que l'épaisseur pour de fortes tôles et plus fort pour des tôles plus faibles.

Le *Board of Trade* donne les règles suivantes : (d diamètre du rivet et e épaisseur d'une tôle) pour les chaudières :

$$\text{Rivure à 1 rang de rivets} \quad d = 1,8\,e$$
$$-\qquad 2 \quad - \qquad - \qquad d = 1,7\,e$$
$$-\qquad 3 \quad - \qquad - \qquad d = 1,3\,e$$

Le rivetage des tôles peut se faire à froid ou à chaud ; ce dernier est préférable parce que plus rapide ; en outre le rivet en se refroidissant diminue de longueur, ce qui assure un rapprochement énergique des tôles.

Nota. — Les figures 3, 4, 5 et 6, donnent les dimensions générales d'un rivet de 30 millimètres de diamètre.

Pour effectuer la rivure, le corps du rivet doit déborder la tôle de une fois et demie son diamètre.

CHAPITRE V

DIFFERENTES FAÇONS D'ASSEMBLER LES TOLES
DES CHAUDIÈRES

1° *Assemblage à clin.* — Les 2 tôles à réunir viennent recouvrir l'une sur l'autre, et on les jonctionne au moyen d'une ou plusieurs rangées de rivets.

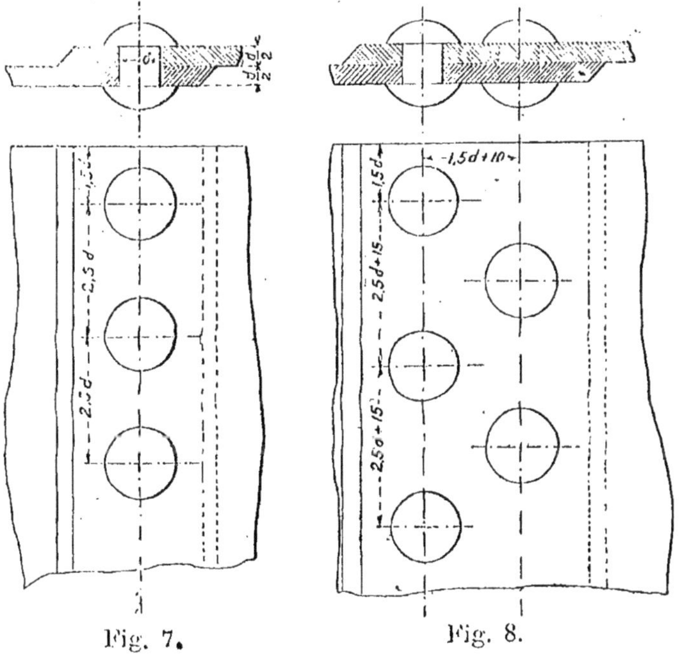

La figure 7 indique une rivure à un rang, la figure 8 une

rivure à plusieurs rangs en quinconce et la figure 9 une rivure à plusieurs rangées rectangulaires. Sur ces figures sont également portées toutes les cotes concernant l'espacement des trous et leurs distances respectives au bord de la tôle.

2° *Assemblage à franc-bord.* — Dans ce genre d'assemblage (fig. 10) les 2 bords de la tôle sont rapprochés jusqu'à l'affleurement, et le jonctionnement se fait grâce à une bande de tôle A ou couvre-joint rivée sur les 2 parties de tôle à assembler.

Assemblage rectangulaire. — Dans certains cas les tôles doivent être jonctionnées à 90°.

On peut alors opérer comme l'indique la figure 11. C'est-à-dire couder l'une des tôles à 90° et la river sur l'autre.

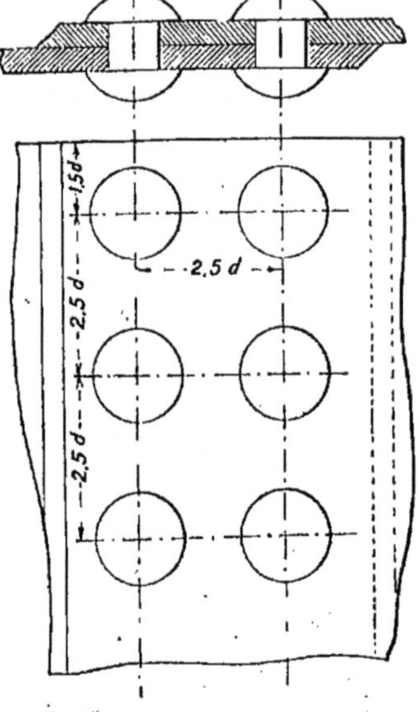

Fig. 9.

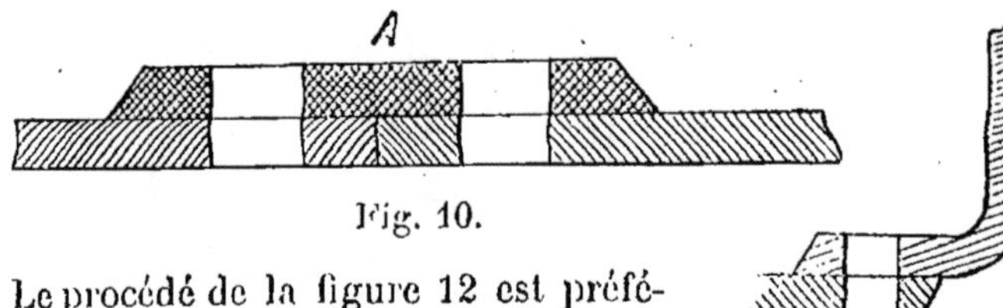

Fig. 10.

Le procédé de la figure 12 est préférable parce qu'il permet de ne couder que partiellement chaque tôle.

Fig. 11.

Le métal de cette façon a moins de tendance à s'aigrir ou à se gercer pendant le travail de coudage.

Enfin dans la figure 13 aucune des tôles n'est coudée. La

jonction est tout simplement faite au moyen d'une cornière à 90°.

Matage des tôles. — En raison des hautes pressions que

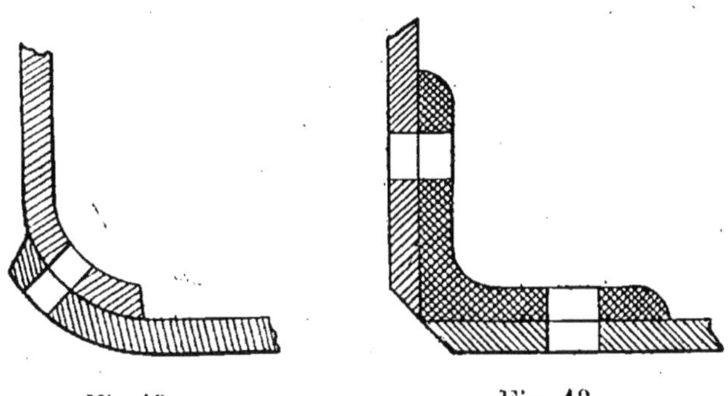

Fig 12.   Fig. 13.

doivent supporter les chaudières, il faut que non seulement les joints rivés tiennent les tôles assemblées, mais qu'ils empêchent toute fuite d'eau ou de vapeur, on se sert alors d'appareils appelés matoirs (fig. 14, 15, 16).

La tôle est d'abord chanfreinée suivant un angle de 45 à 60°, puis au moyen de l'un ces appareils et autant que possible en dedans de la chaudière, on rabat l'une des tôles sur l'autre. Cette opération nécessite un tour de main spécial et doit être extrêmement bien faite, car c'est d'elle que dépend l'étanchéité de la chaudière.

Fig. 14.

Le matoir de la figure 14 a un bout carré, celui de la figure 15 un bout rond et celui de la figure 16 un bout rond avec épaulement.

Le premier érafle et affaiblit la tôle; le second comprime

le métal sans l'érafler et le troisième également, mais donne de bien meilleurs résultats que le précédent.

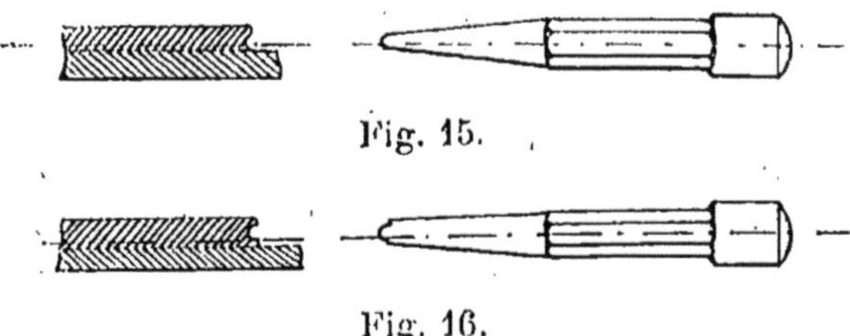

Fig. 15.

Fig. 16.

Foyer. — Le foyer est la partie de la chaudière dans laquelle se fait la combustion. Il est terminé par une partie qu'on appelle chambre à feu où se rassemblent les gaz avant leur passage à travers les faisceaux tubulaires.

Le foyer proprement dit comprend d'ailleurs 2 parties : une partie supérieure où se place le combustible et une partie inférieure où tombent les scories et résidus divers de la combustion.

Ces 2 parties sont séparées par un plan de grille et un autel.

Plan de grille. — Cette partie se compose d'un certain nombre de barreaux en fer forgé représentés en élévation profil et plan dans les figures 17 et 18.

Il y a très souvent plusieurs rangées de barreaux. La première rangée repose à l'avant de la chaudière sur une partie en fonte appelée *sole* (fig. 19). L'arrière de cette rangée ou l'avant de la suivante reposent sur des poutres en fer s appelées *sommiers* (fig. 20), et la partie arrière de la dernière rangée s'appuie sur une *savate* métallique appartenant à l'*autel* (fig. 21).

La sole et les sommiers sont tenus par des supports g ou galoches, rivés sur les parois de la chaudière et les sommiers sont réunis par des boulons avec interposition de blocs métalliques pour maintenir l'écartement.

Les intervalles qui existent entre les barreaux d'après leur

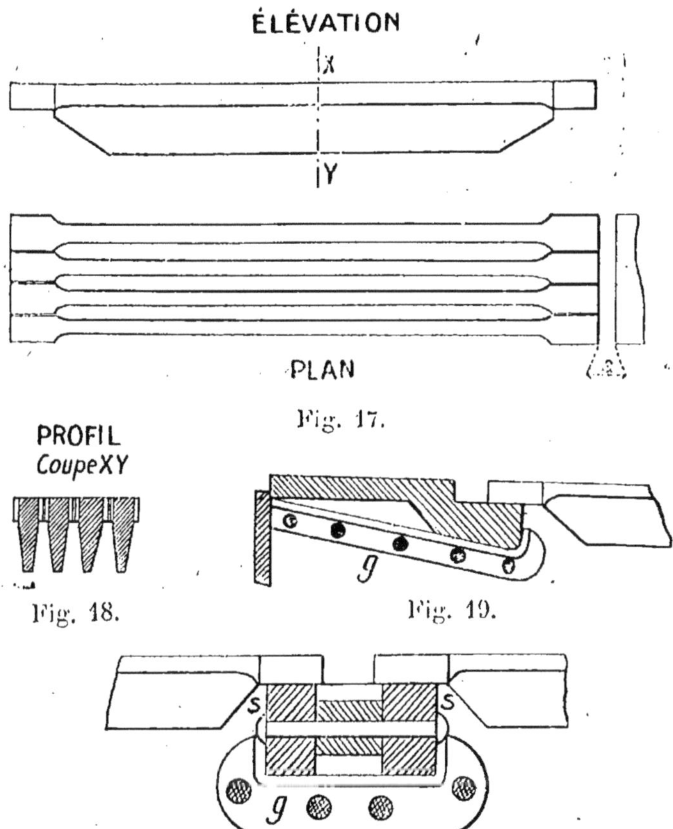

construction même (fig. 17) permettent aux cendres de tomber dans le cendrier.

Jeu des barreaux. — Entre 2 rangées de barreaux on doit

laisser un jeu (*a*) variant de 1 à 2 centimètres suivant les dimensions des barreaux, et qui est destiné à éviter que, lors de la dilatation qui se produit pendant la chauffe, les extrémités des barreaux ne viennent à se toucher. Il en résulterait en effet une déformation des barreaux, telle que la destruction totale du plan de grille s'en suivrait.

De même entre chaque barreau d'une rangée il doit exister un certain jeu. Ce dernier se détermine pratiquement de la façon suivante: on met en place sur le plan de grille autant de barreaux qu'il est possible d'en mettre, puis on en enlève un. Le jeu résultant est alors réparti entre tous les autres barreaux.

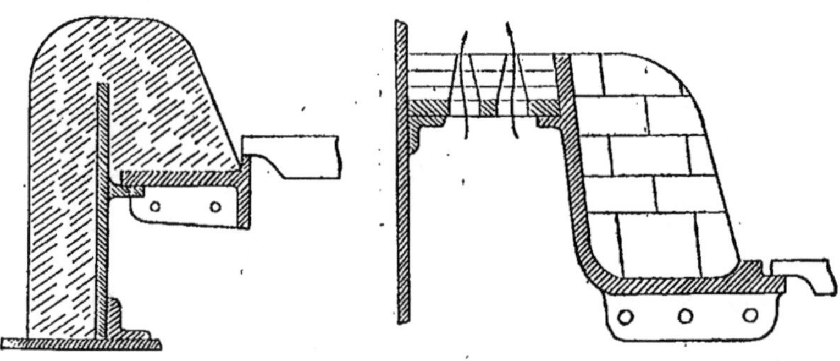

Fig. 21.   Fig. 22.

Autel (fig. 21). — L'autel forme en quelque sorte le fond du cendrier et du foyer. Il est formé de briques réfractaires tenues au moyen d'armatures en fonte ou en acier moulé. Son but est de retenir le charbon et de guider les gaz et les flammes.

Il est le plus souvent percé de trous coniques appelés trous Williams. Ces derniers livrent passage à une certaine quantité d'air venant du cendrier, air qui se mélangeant avec les gaz du fourneau termine leur combustion (fig. 22).

Quelquefois (fig. 23) l'air peut être envoyé dans le fourneau au moyen d'une porte manœuvrable du cendrier.

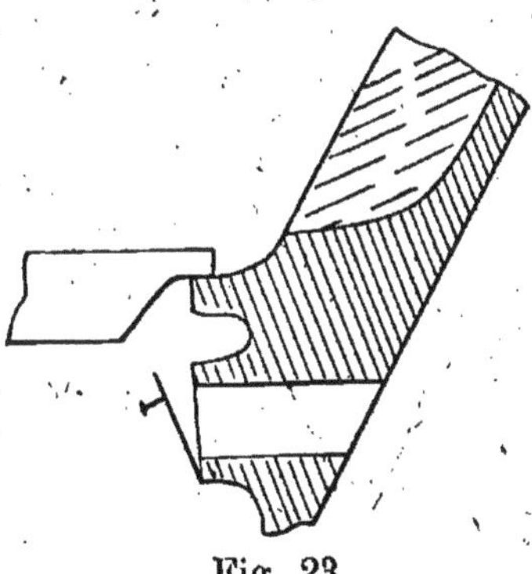

Fig. 23.

Faisceau tubulaire. — Les anciennes chaudières, qu'on nommait chaudières à bouilleurs, comprenaient un seul gros cylindre que traversaient les gaz de la combustion et à travers lequel leur chaleur se transmettait à l'eau de la chaudière.

On a aujourd'hui abandonné ce système dit à bouilleur pour le remplacer par un très grand nombre de petits tubes dont l'ensemble porte le nom de faisceau tubulaire.

Pourquoi donc cette transformation qui naturellement augmente la difficulté du travail et les soins de conduite et d'entretien ?

C'est que, à section égale, la surface de chauffe, représentée par la surface latérale de plusieurs petits tubes, est supérieure à celle d'un seul.

En effet :

Soit D le diamètre d'un gros tube et d celui d'un petit. Soit x le nombre de petits tubes qu'il faudrait pour que leur section totale égalât celle du tube de diamètre D.

On a

$$\frac{\pi\,D^2}{4} = x \times \frac{\pi\,d^2}{4}$$

d'où

$$D^2 = x\,d^2$$

et

$$D = d \sqrt{x} \qquad\qquad (1)$$

On a, d'autre part :

Surface latérale du gros tube.

$$\pi D l$$

étant la longueur.

Surface latéral des x petits tubes de même longueur que le précédent

$$x \pi d l$$

Pour comparer $x\pi dl$ à πDl il suffit de comparer xd et D. Or, puisque (1) $D = d\sqrt{x}$ on peut comparer xd et $d\sqrt{x}$. La première de ces quantités est visiblement la plus grande, ce qui revient à dire que la surface de chauffe des x petits tubes est supérieure à celle du tube bouilleur de même section.

Nature du métal des tubes. — Les tubes ne se font aujourd'hui que de deux façons:

1° Pour la plus grande partie ils sont en acier extra-doux étirés et sans soudure.

Ils peuvent ainsi résister à toutes les pressions, ne prennent pas la trempe et sont d'un prix de revient modéré.

2° En laiton pour des pressions non supérieures à 6 kilogrammes. Encore est-on souvent obligé de les rabouter en cuivre rouge du côté de la boîte à feu, le laiton se ramollissant et perdant une notable partie de sa résistance aux températures élevées.

L'avantage du laiton sur l'acier est qu'il est meilleur conducteur de la chaleur, mais son prix de revient élevé et l'impossibilité qu'il y a à l'employer pour toutes pressions le font abandonner peu à peu.

On a utilisé autrefois des tubes en fer, mais ce dernier s'oxydant facilement, les tubes se piquaient rapidement. Le fer est aujourd'hui abandonné.

Carneaux, conduits de fumée et cheminée. — Après avoir léché les tubes, les flammes pénètrent dans une partie de la chaudière qu'on appelle boîte à fumée.

De là ils traversent parfois des conduits de fumée ou carneaux avant d'être envoyés dans la cheminée, qui les évacue à l'air libre.

La cheminée est un tuyau en tôle exhaussé sur la chaudière et prolongé verticalement. Elle est à section cylindrique ou elliptique.

Sa hauteur se compte à partir du plan de grille et est très variable, de même que sa section. Sur les petites chaudières cette hauteur varie de 8 à 10 mètres. Pour les paquebots elle augmente considérablement. Ainsi la *France*, un des paquebots de la Compagnie transatlantique les plus récemment construits, a 4 cheminées ayant chacune 34 mètres de haut et 5 m. 30 de diamètre.

La figure 24 représente une 1/2 coupe et 1/2 élévation d'une cheminée fixe.

Cette cheminée est so-

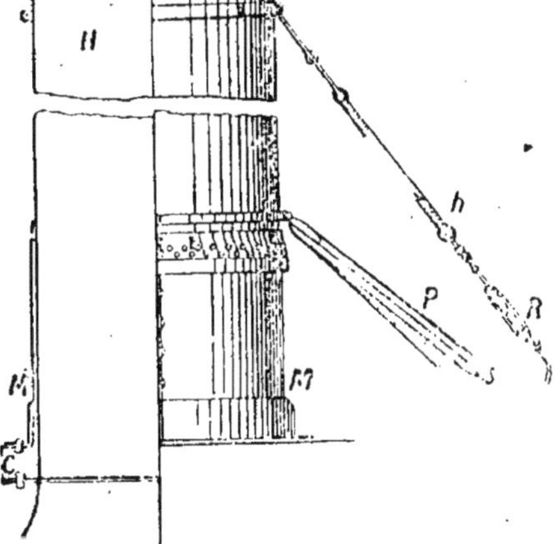

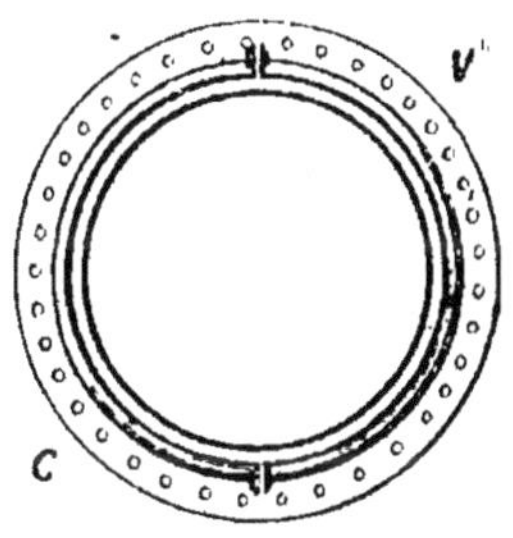

Fig. 24.   Fig. 25.

lidement tenue sur le coffre à vapeur V″ par des boulons ou des rivets qui passent dans une cornière circulaire C formant sa base (fig. 25) (plan de la figure 24).

Parfois des haubans *h* en fer ou en filin et munis de ridoirs métalliques R crochés sur la muraille du navire la soutiennent par sa partie supérieure ; des palans P dits palans de roulis sont crochés sur la boucle d'un cercle en fer placé vers le milieu de la hauteur de la cheminée lorsqu'il y a à craindre qu'elle fouette (le navire étant fortement secoué par la mer) ou qu'elle soit courbée par le vent.

La chemise M de la cheminée est une enveloppe en tôle partant de la chaudière jusqu'à la hauteur des murailles du bord.

Elle est destinée à empêcher un trop grand rayonnement de chaleur de la cheminée dans les compartiments qu'elle traverse et à faire disparaître les dangers d'un rapprochement sans intermédiaire du bois avec des tôles qui ont quelquefois une température très élevée.

La chemise M est à section cylindrique.

Toutes les cheminées ne sont pas fixes, en particulier sur les navires qui remontent certains fleuves. Avec une cheminée fixe en effet ils ne pourraient pas passer sous les différents ponts jetés sur ces fleuves.

Elles sont alors à rabattement lorsqu'elles peuvent être inclinées ou couchées sur le pont par le moyen d'une forte charnière placée à leur base, ou à télescope, quand, formées de parties qui s'emboîtent les unes dans les autres, elles sont exhaussées ou baissées à volonté comme une lunette d'approche.

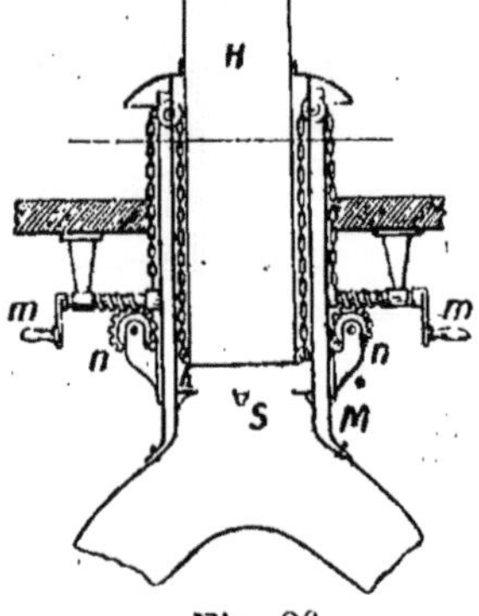

Fig. 26.

La figure 26 représente le système de cheminée à télescope généralement en usage.

Les pignons n, les vis sans fin qui s'engrènent avec et que l'on fait tourner à bras au moyen de manivelle m, constituent le mécanisme à l'aide duquel la chaîne crochée au-dessous de la partie mobile de la cheminée fait monter cette partie.

En détournant les manivelles, le poids seul de la section mobile la fait descendre jusqu'à ce qu'elle vienne porter sur le petit support S*h*. Des boulons ou des clavettes la maintiennent à la hauteur voulue lorsqu'elle est exhaussée.

La figure 27 représente la section d'une cheminée elliptique. En outre, on voit qu'elle est divisée en compartiments, parce qu'elle appartient à plusieurs corps de chaudière.

Tirage. — C'est l'action plus ou moins énergique en vertu de laquelle l'air est attiré dans les cendriers, traversant la couche de combustible

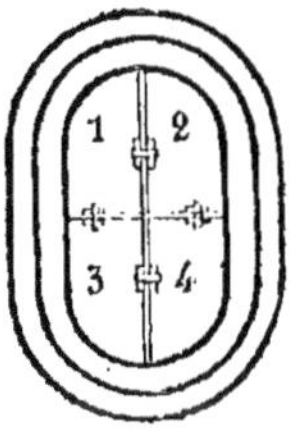

Fig. 27.

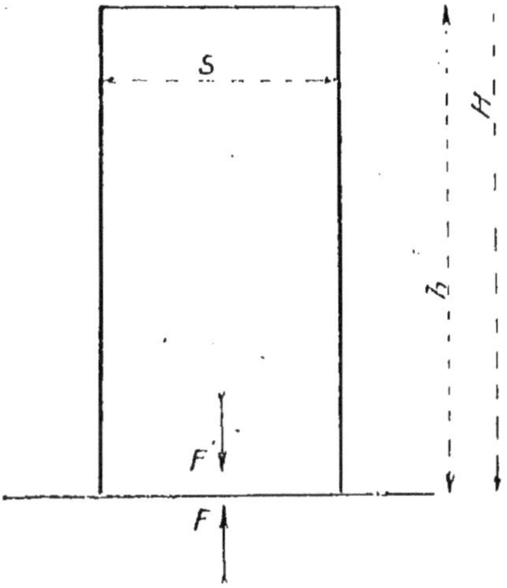

Fig. 28.

et le faisceau tubulaire pour être évacué dans l'atmosphère en passant dans la cheminée. Toutes choses égales d'ailleurs, le tirage est d'autant plus considérable que la cheminée S est plus haute, sa section plus grande, la température des gaz de la combustion plus élevée et celle de l'air extérieur plus basse.

Soit figure 28 une cheminée de section S et de hauteur h. Appelons H la hauteur de la couche d'air atmosphérique de densité d au-dessus du plan de grille et soit d' la densité des gaz chauds.

Le tirage est visiblement la résultante de deux forces F et F' agissant en sens contraire suivant l'axe de la cheminée et sur la base de cette dernière (*plan des grilles*).

La force F représente le poids d'une colonne d'air ayant pour hauteur l'atmosphère et pour base la section de la cheminée.

$$F = S\,H\,d.$$

La force F' est égale à la somme d'une colonne d'air s'exerçant à la partie supérieure de la cheminée, donc de hauteur $H - h$ augmentée du poids d'une colonne de gaz chaud représentée par le volume de la cheminée : soit, $S\,h\,d'$.

$$F' = S\,(H - h)\,d + S\,h\,d'$$

On aura donc

$$\text{Tirage} = S\,H\,d - \left[S\,(H - h)\,d + S\,h\,d'\right)$$
$$T = S\,H\,d - \left[S\,H\,d - S\,h\,d + S\,h\,d'\right)$$
$$T = S\,H\,d - S\,H\,d + S\,h\,d - S\,h\,d'$$
$$T = S\,h\,d - S\,h\,d' = S\,h\,(d - d')$$

formule qui montre que le tirage est proportionnel à S et à h, ainsi qu'à $d - d'$.

Or $d - d'$ est d'autant plus grand que d est plus grand et d' plus petit et d'autre part la densité d est d'autant plus grande que l'air est plus froid et la densité d' d'autant plus petite que l'air est plus chaud.

Cependant on est limité pour tous ces facteurs. Ainsi une cheminée trop haute serait difficilément utilisable à bord d'un bateau à cause de la prise qu'elle donnerait aux vents et d'ailleurs les refroidissements des gaz augmentant avec sa longueur, le tirage finirait par diminuer.

Il y a également lieu de tenir compte de la vitesse d'écoulement, proportionnelle à la racine carrée de h et inversesement à celle de d'.

$$V = \sqrt{\frac{2\,g\,h}{d'}}$$

Cette vitesse, en effet, pouvant diminuer par une obstruction des grilles (couche de charbon trop épaisse) ferait augmenter la température il est vrai, mais diminuerait la vitesse dans de plus grandes proportions.

Tirage forcé. — On nomme ainsi le tirage produit par des moyens mécaniques.

On en connaît plusieurs catégories.

1° *Tirage par jet de vapeur dans la cheminée*. — Ce système est très efficace mais très coûteux. Un système de buse envoie la vapeur dans la cheminée, ce qui fait succion et active le tirage. Il n'est guère employé que sur les canots à vapeur.

2° *Tirage en vase clos*. — Ce tirage est surtout employé dans la marine de l'Etat sur les torpilleurs.

Les chaufferies sont hermétiquement closes et de l'air y est refoulé à une certaine pression. Cette pression se mesure avec un manomètre à eau ou anémomètre, décrit plus loin.

3° *Tirage en cendrier clos*. — L'air est refoulé dans les cendriers clos sous pression.

Il est très pratique et aujourd'hui presque universellement employé dans la marine de commerce sous le nom de tirage Howden. (En plus du tirage proprement dit l'air est réchauffé.)

4° *Tirage par aspiration dans la cheminée*. — Ce genre de tirage a donné lieu autrefois à quelques mécomptes mais semble très digne d'intérêt.

Il consiste à aspirer au moyen d'un ventilateur aspirateur les gaz de la cheminée.

Surface de grille. — C'est la surface généralement évaluée en mètres carrés de toute la partie de la grille sur laquelle se trouve étalé le combustible.

La surface de grille se détermine de la façon suivante : A bord des paquebots ayant de hautes cheminées et dont la chauffe est bien conduite on peut brûler au tirage naturel jusqu'à 90 kilogrammes de charbon par heure et par mètres carré de grille. Pour les navires plus petits il ne faut pas compter sur plus de 60 à 70 kilogrammes.

La surface de grille varie environ de 0 m²,01 à 0 m²,0140 par cheval.

Surface de chauffe. — On appelle ainsi toute surface métallique d'une chaudière, qui se trouve en même temps en contact par une de ses faces avec l'eau et la vapeur et par l'autre face avec la flamme ou les gaz chauds.

Dans la marine de commerce on prend ordinairement comme rapport entre la surface de grille et la surface de chauffe

$$\frac{S_g}{s_c} = 27$$

c'est-à-dire que la surface de chauffe est environ 27 fois plus grande que la surface de grille. Avec le tirage forcé elle est quelquefois 60 fois plus grande.

Dans ce cas là, d'ailleurs, la combustion peut s'élever à 350 kilogrammes par mètre carré de grille et par heure.

CHAPITRE VI

ORGANES ACCESSOIRES COMMUNS A TOUTES LES CHAUDIÈRES

Manomètres. — Les manomètres sont des instruments destinés à indiquer d'une façon précise et en tout temps la pression qui existe à l'intérieur d'un récipient clos. Toutes les chaudières doivent en être munies.

On distingue trois sortes de manomètres : les manomètres à air libre, à air comprimé et métalliques.

Les deux premiers genres sont étudiés dans les cours de physique. Nous dirons cependant quelques mots du premier qui, sous le nom d'anémomètre, est employé dans la marine. Le troisième est exclusivement réservé pour toutes les pressions de vapeur.

Manomètre à air libre ou anémomètre. — Employé pour indiquer la pression d'air dans les chambres de chauffe, dans les cendriers des chaudières marchant au tirage forcé et dans les scrubbers des installations de gazogènes.

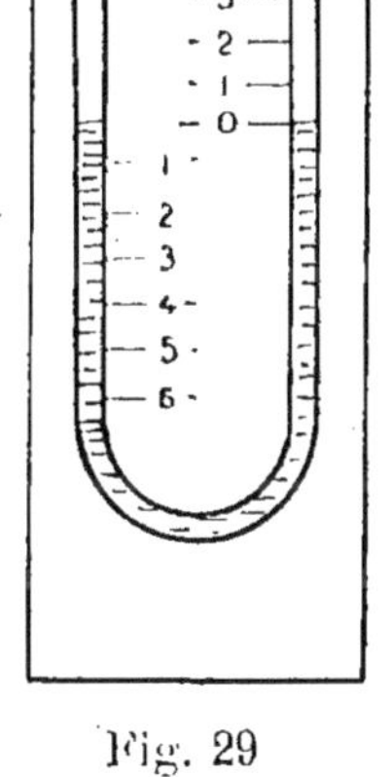

Fig. 29

C'est un tube en verre recourbé en u (fig. 29). L'une des branches communique avec le récipient dont on veut connaître la pression, l'autre avec l'atmosphère ; le tube est fixé sur une planchette.

Dans le tube on verse de l'eau colorée avec du vin ou du permanganate par exemple, de façon que le niveau des deux branches corresponde avec les zéros de deux graduations en sens inverse marquées sur la planchette. Cette graduation est faite en millimètres et centimètres d'eau.

Quand la pression agit le liquide descend dans la branche A et monte dans la branche B. Pour avoir la pression du moment il faut donc faire la somme des deux graduations, la pression étant mesurée par la différence des deux niveaux.

Manomètre métallique. — Le manomètre métallique a pour grand avantage d'être beaucoup moins encombrant qu'aucun des manomètres précédents dont l'usage serait d'ailleurs impossible pour les pressions de nos chaudières actuelles.

Il se compose (fig. 30) d'une enveloppe en tôle mince ou en laiton destinée à porter et à garantir le mécanisme intérieur et d'un cadran où sont marqués les chiffres qui indiqueront les différentes pressions.

Ces indications sont aujourd'hui toujours données en kilogrammes et la première

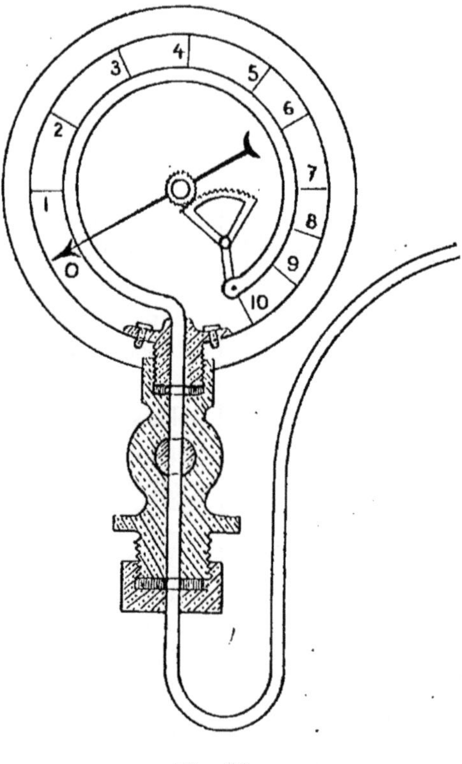

Fig. 30.

division est zéro correspondant à la pression atmosphérique.

La vapeur arrive de la chaudière par le tuyau de conduite T dans un tube de laiton coudé en spirale et ce tube est libre de se mouvoir dans sa boîte par son extrémité fermée mais fixe l'extrémité ouverte est reliée d'une façon étanche au tuyau T. Le tuyau T est lui-même coudé, pour qu'une certaine quantité d'eau s'y condense et que ce soit elle qui transmette les pressions à l'appareil.

La vapeur en effet étant à haute température finirait par aigrir le métal du petit tube et détruirait son élasticité. En outre l'appareil est généralement gradué à froid, à la pression hydraulique. Si donc la vapeur agissait directement sur ce tube, l'instrument prendrait avec les diverses pressions des températures différentes. Les pièces du mécanisme se dilateraient avec les augmentations de pression et toutes les indications seraient faussées.

L'eau condensée dans le tube conserve une température uniforme et assez basse, ce qui remédie aux inconvénients que nous venons de signaler.

L'extrémité *t* du tube est articulée à un petit secteur denté oscillant autour d'un point fixe *o*, et le secteur peut engrener avec un pignon solidaire d'une aiguille qui, elle, peut se déplacer sur le cadran gradué.

Fonctionnement de l'appareil. — Quand la pression agit dans le manomètre le tube de laiton se déroule et l'aiguille se déplace sur le cadran qui a été gradué par comparaison avec un manomètre étalon, indiquant par suite la pression exacte du moment.

Mais pourquoi le tube se déroule-t-il ?

Ce tube en laiton a une section elliptique (fig. 31). Or lorsque la pression agit dans ce tube, cette pression agit évidemment avec plus de force sur les parties aplaties que sur les parties bombées la surface des premières étant plus grande

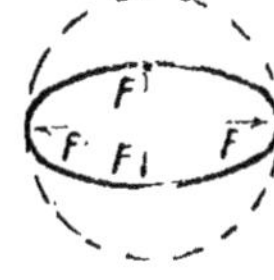

Fig. 31.

que celle des secondes. Donc le tube tend à prendre une section circulaire.

Or dans ce mouvement le rayon moyen R_1 du tube augmente et par suite le tube se déroule. En effet, soit figure 32, le tube

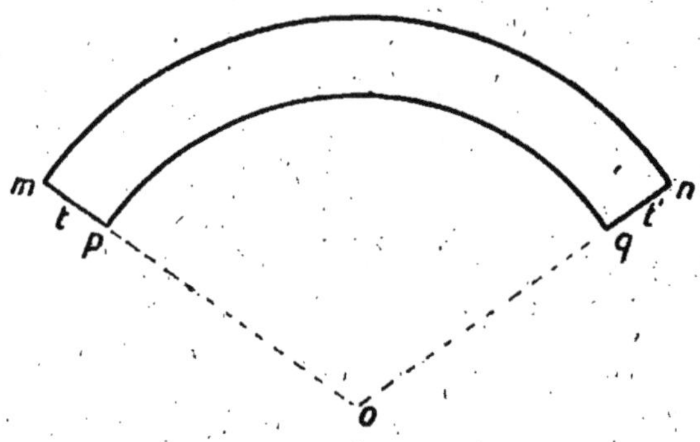

Fig. 32.

tt' et r les rayons extérieur et intérieur du tube et $2d$ le petit diamètre.

D'après un théorème connu de géométrie on a :

$$\frac{\text{Arc } m\,n}{\text{Arc } p\,q} = \frac{R}{r}$$

qu'on peut écrire :

$$\frac{\text{Arc } m\,n + \text{Arc } p\,q}{\text{Arc } m\,n - \text{Arc } p\,q} = \frac{R+r}{R-r} = \frac{2\,R_1}{2\,d} = \frac{R_1}{d}$$

or $\dfrac{\text{arc } mn + \text{arc } pq}{\text{arc } mn - \text{arc } pq}$ est une quantité rigoureusement constante. Par suite $\dfrac{R_1}{d}$ doit l'être et comme d augmente ainsi que nous l'avons vu plus haut R, aussi doit augmenter.

Le rayon moyen augmentant il s'ensuit bien que le tube se déroule.

Pour la graduation et la vérification des manomètres eux-mêmes ou par les essais des chaudières chaque manomètre doit réglementairement porter une bride dite bride d'essai de 4 centimètres de diamètre et 5 millimètres d'épaisseur (fig. 33).

De plus le manomètre doit toujours porter sur son cadran une marque de couleur très apparente, indiquant la pression qui ne doit jamais être dépassée en service.

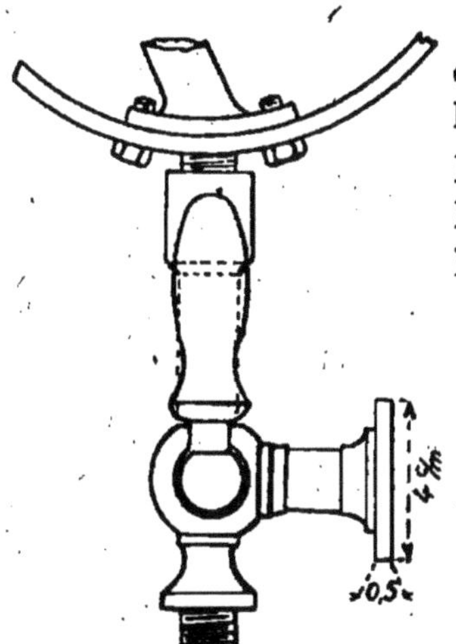

Remarque 1. — Le secteur est en deux parties pouvant coulisser l'une sur l'autre et tenues par une vis (fig. 34), ce qui a pour but de faire varier les amplitudes du levier pour remé-

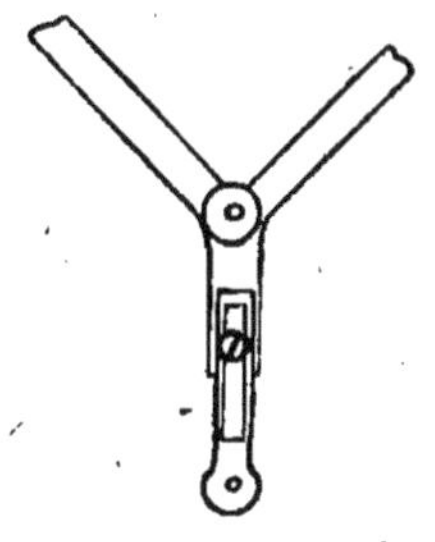

Fig. 33.

Fig. 34.

dier à une inexactitude possible des indications de l'aiguille.

Remarque 2. — A moins d'avoir à faire une expérience particulière, on ne doit jamais placer la prise de vapeur d'un manomètre sur la prise de vapeur de la machine et encore moins sur la boîte à tiroir.

La vitesse irrégulière de la vapeur qui s'y produit par le fait de la dépense irrégulière dans le cylindre due au mouvement du tiroir donne lieu à des augmentations et à des diminutions de pression très rapprochées, et, par suite à des oscillations et à des soubresauts continuels de l'aiguille du manomètre.

Indicateur du vide. — C'est un appareil destiné à indiquer les pressions plus faibles que la pression atmosphérique. Il est semblable au manomètre mais le tube elliptique est enroulé en sens inverse. Les indications sont généralement données en centimètres de mercure, de 0 à 76 ou 80.

Indicateurs de niveau d'eau. — L'article 41 des décrets des 20 et 21 septembre 1908 dit que chaque chaudière doit être munie de deux appareils indicateurs de niveau indépendants l'un de l'autre, et suffisamment espacés, et, placés de façon à rester constamment visibles pour l'agent chargé de l'alimentation.

L'un au moins de ces appareils est un tube en verre ou est muni d'une lame de verre, la lame et le tube étant disposés de façon à pouvoir être nettoyés ou changés facilement.

Des précautions doivent être prises contre le danger provenant des éclats de verre en cas de bris des tubes, au moyen de dispositifs qui ne fassent pas obstacle à la visibilité du niveau. Ce genre d'indicateur doit en outre être éclairé de tout temps.

L'autre appareil indicateur de niveau peut être un système de trois robinets étagés, ou de deux seulement pour les petites chaudières.

Sur les chaudières fonctionnant à une pression supérieure à 8 kilogrammes, ces robinets dits robinets de jauge, sont munis d'un dispositif permettant de les fermer à distance.

Les chaudières qui ont des foyers sur plusieurs façades sont pourvues sur chacune de celles-ci des appareils indicateurs du niveau de l'eau.

Les indicateurs de niveau sont munis de robinets de fermeture permettant de remplacer le verre sans danger pour l'opérateur. Ces robinets doivent pouvoir être manœuvrés à distance sauf le cas où l'indicateur est muni d'un dispositif de fermeture automatique.

Indicateur ordinaire de niveau en verre (fig. 35 et 36). — L'appareil se compose en principe d'un tube *t* en communication avec un tube plus gros T.

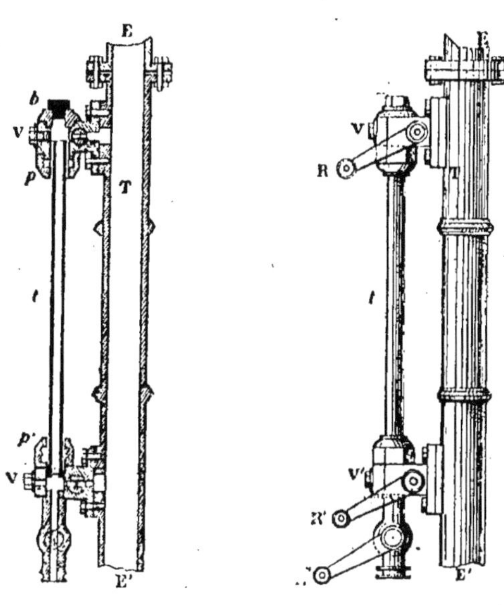

Fig. 35.   Fig. 36.

Le tube T appelé clarinette est généralement en fonte et relié par ses extrémités E E′ au haut et au bas de la chaudière par l'intermédiaire de tuyaux en cuivre. Les dilatations n'ont ainsi aucune influence sur le tube *t* qui est en cristal ou en verre très dur.

En vertu du principe des vases communiquants on aura ainsi théoriquement dans le tube en verre le même niveau que dans la chaudière. Nous disons théoriquement, car pratiquement l'eau du tube du niveau est de l'eau distillée. L'eau de la chaudière au contraire a toujours une densité un peu plus élevée à cause des sels qui y sont dissous. Aussi le niveau dans le tube indique-t-il toujours un niveau un peu supérieur à celui qui existe dans la chaudière.

Cette inexactitude est cependant corrigée grâce aux différences de température de l'eau dans le tube et de celle dans la chaudière ; l'eau du tube étant en effet plus froide, augmente de densité.

En réalité, on peut se fier sans crainte aux indications du tube de niveau d'autant qu'on doit toujours faire en sorte qu'il y ait toujours de l'eau jusqu'à mi-tube, ce qui correspond à un niveau très normal dans les chaudières.

La communication du tube t avec T et par suite avec la chaudière est assurée grâce aux deux robinets R et R' qui peuvent être ouverts ou fermés à volonté. Ces deux robinets doivent être réunis par une tringle de manœuvre, permettant de les fermer simultanément. Très souvent cette tringle est manœuvrable de la chaufferie et du pont.

Quoi qu'il en soit la position d'ouverture dés robinets dôit correspondre à la position la plus basse de cette tringle et par suite des queue des robinets. On conçoit en effet que sans cela, les trépidations du navire et le poids du système suffiraient parfois à occasionner une fermeture complète du tube de niveau, à l'insu du mécanicien.

Il est toujours possible cependant de s'apercevoir rapidement de cette fermeture, mais il n'en est pas moins vrai qu'on augmenterait ainsi notablement les chances d'accidents.

Le tube, à la partie inférieure, repose sur un petit mamelon appartenant à une pièce de bronze fixée sur la clarinette. L'autre extrémité est fixée dans une pièce semblable, mais sans mamelon. L'extrémité supérieure du tube doit être un peu plus basse que le conduit. L'emmanchement du tube dans le système des deux pièces précédentes ou montures se fait grâce à un trou de la monture supérieure fermé ensuite par un bouchon à vis b.

L'étanchéité du tube est obtenue au moyen de petits presse-étoupe p et p .

Enfin en face chaque conduit un petit trou est percé qui a pour but de permettre de déboucher l'orifice correspondant en cas d'obstruction.

Ces trous sont ordinairement fermés par de petites vis VV'.

Autour du tube pour protéger les chauffeurs en cas de rupture, on place un masque ou grillage en fil de laiton.

Mais ce système de protection a pour effet de rendre le niveau très incertain.

Le système Klinger est préférable (fig. 37 et 38).

L'apparence du niveau est donnée dans ce cas par une glace striée verticalement g formant le devant d'un récipient dont la partie arrière est formée d'une plaque métallique à section arrondie p et dont la face intérieure est complètement noire.

L'angle des stries est de 90° et le degré de visibilité est rendu très puissant par suite d'un phénomène d'optique qui se produit. Ce phénomène est le suivant : Dans la vapeur ou dans l'air un rayon lumineux est réfléchi tandis que dans l'eau il est réfracté. L'angle étant de 90° la réflexion est totale.

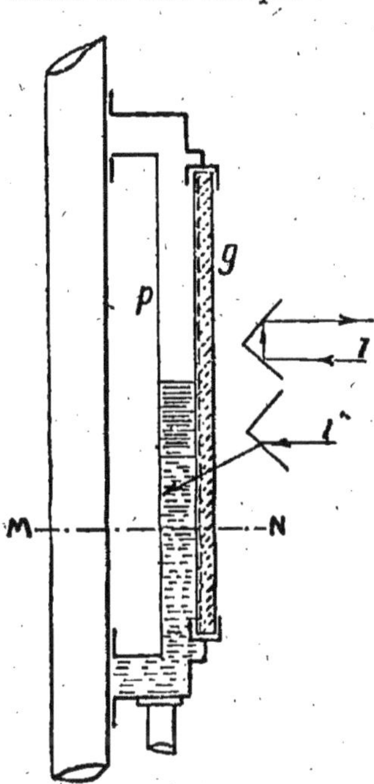

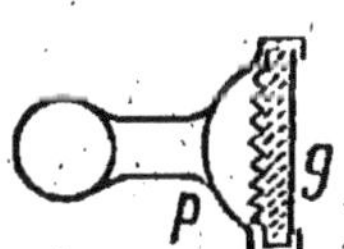

Fig. 37. et 38.

C'est pourquoi le rayon lumineux l considéré par exemple vers la surface du niveau revient réfléchi (sens des flèches) du côté de l'observateur tandis que le rayon l' rentre dans l'eau et va se perdre dans le fond noir de la plaque p.

Il s'ensuit donc que tous les rayons au-dessus du niveau

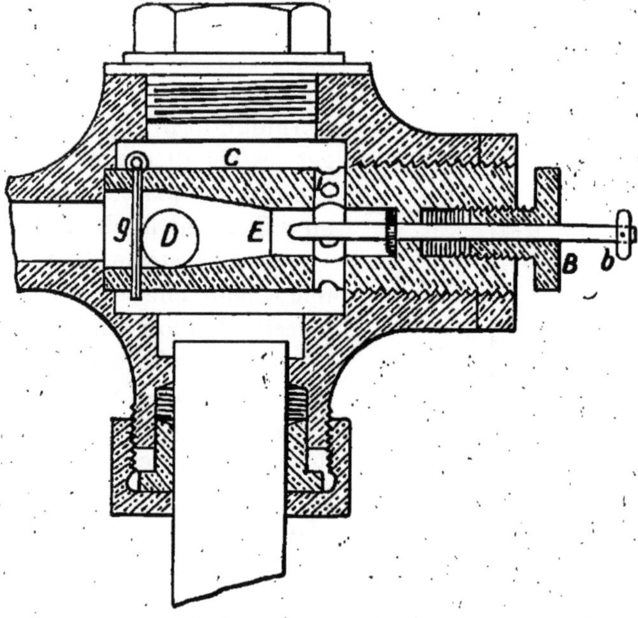

Fig. 39.

font apparaître très claire cette partie tandis que tous ceux qui sont au-dessous nous la montrent absolument noire. Par suite de cette transition de couleurs, le niveau sera toujours d'une apparence très vive.

En outre, les chances de rupture sont beaucoup plus faibles que dans le cas d'un tube, en raison de l'épaisseur de la glace.

Cependant ces accidents ne sont pas impossibles.

Aussi le plus haut degré de sécurité est-il atteint grâce aux appareils munis d'un système de fermeture automatique. Nous en décrirons deux.

1° *Fermeture automatique à boules.* — Ce système a le grand avantage de pouvoir être adapté à toutes les montures existantes (fig. 39).

Aucune modification n'a été apportée à la monture ordinaire décrite fig. 35-36. Un cylindre C a été ajouté.

Ce cylindre est vissé dans la monture et percé d'une part, d'un conduit cylindro-conique dans lequel se loge une boule D), dont la sortie est ensuite rendue impossible par la goupille g. Le diamètre de la boule est d'ailleurs supérieur à celui de la petite section du conduit. La communication entre la chaudière et le tube se fait par les orifices i. Enfin la boule peut être mise à fond pour permettre la communication au moyen d'une broche T passant à frottement doux dans le cylindre et d'une façon étanche grâce au bouchon B appuyant sur des tresses.

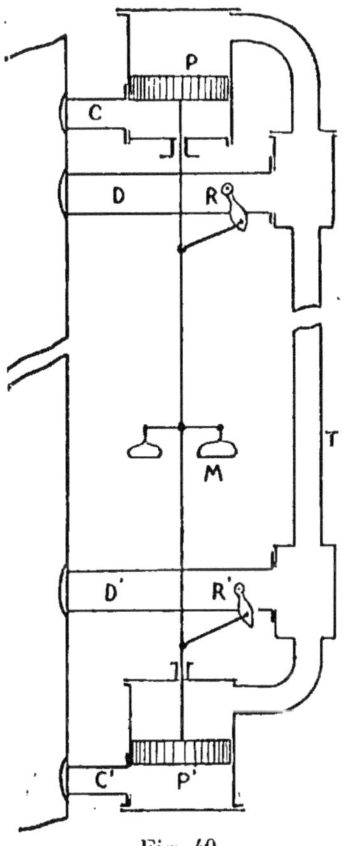

Fig. 40.

Fonctionnement. — En temps ordinaire la pression de la vapeur agissant de part et d'autre de la boule, celle-ci se trouve en équilibre dans la vapeur, et son poids l'empêche par suite de remonter le plan incliné formé par la surface conique de l'orifice.

Supposons que le tube vienne à casser. La pression alors n'agit plus que derrière la boule. Celle-ci se trouve chassée violemment et vient fermer l'orifice E.

Par suite la vapeur ne peut aller dans la chaufferie.

2° *Système à piston.* — Ce système est représenté schématiquement par la figure 40.

Il se compose de 2 pistons P P' reliés par une même tige et reliés aux deux robinets de fermeture R R'. Chaque piston est en communication par ses deux faces avec la chaudière grâce aux conduits C, D, C', D' etc. En communication également avec le tube de niveau T. Cette disposition permet aux pistons d'être en équilibre dans la vapeur, c'est-à-dire compensés, et, à condition que dans la position d'ouverture ils se trouvent placés en bas comme dans la figure, ils ne bougeront pas de place.

Leur manœuvre s'effectue à mains par les poignées M.

Fonctionnement. — On voit qu'actuellement la communication est bien établie.

Supposons que le tube vienne à casser. La pression n'agissant plus que du côté de C et C' les pistons sont poussés vers la partie supérieure opérant la fermeture des robinets R et R'.

Robinets de jauge. — On nomme ainsi le système de robinets étagés pouvant servir d'appareil indicateur de niveau.

Ces robinets peuvent être formés d'un robinet du modèle de la figure 41 ou plus souvent du modèle de la figure 42.

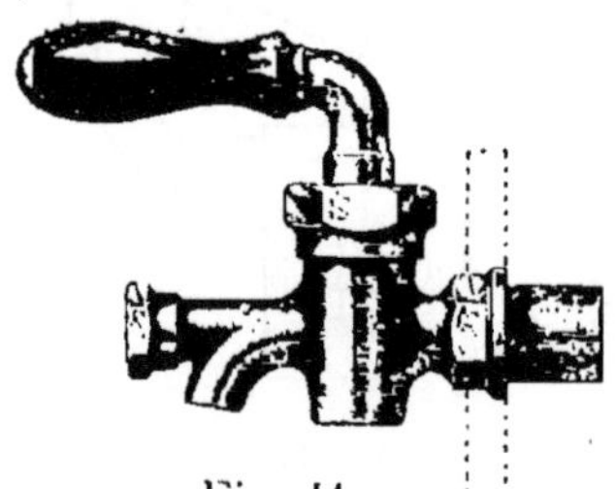

Fig. 41.

Dans le premier cas en effet l'agent qui veut se rendre compte du niveau en utilisant ce robinet peut se brûler en purgeant, tandis que dans le second cas, un pointeau

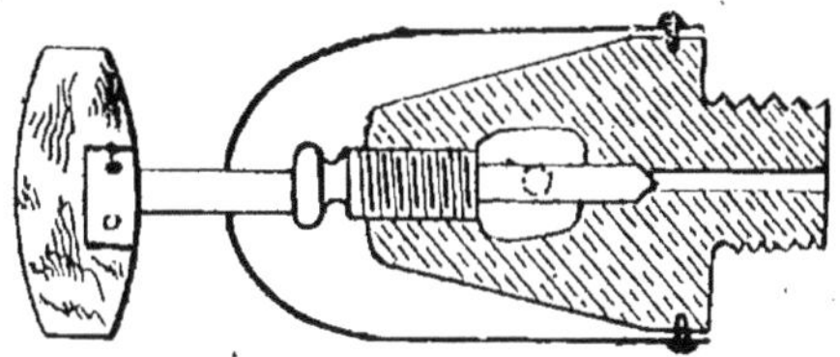

Fig. 42.

ouvre l'orifice de communication avec la chaudière, et
la vapeur s'écoule par un petit orifice percé par côté.

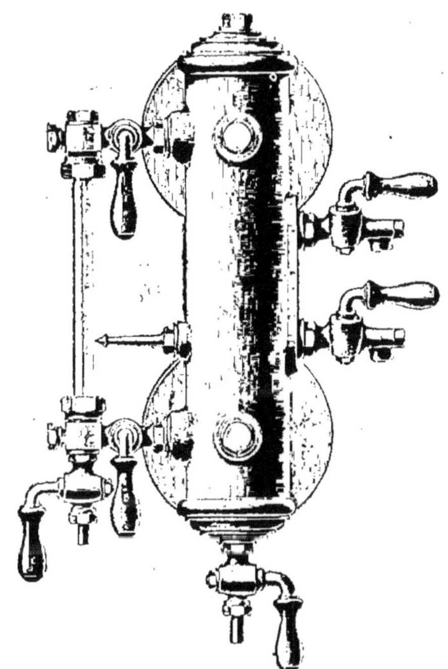

Fig. 43.

Remarque. — Très souvent (fig. 43) une même clarinette
porte les robinets de jauge et le tube du niveau.

Régulateurs alimentaires. — Le niveau dans les chaudières devant rester pendant la marche à une hauteur sensiblement constante, et les pompes ne pouvant pas distribuer exactement la quantité d'eau voulue à chaque chaudière d'un groupe ou même à une seule chaudière, on a été amené à disposer sur chacune d'elles un organe spécial (appelé régulateur alimentaire) par appareil d'alimentation.

L'art. 44 du règlement spécifie d'ailleurs que chaque appareil d'alimentation doit être muni d'un régulateur, soupape ou clapet fonctionnant automatiquement et placé au point d'insertion du tuyau d'alimentation qui lui est propre. Ces régulateurs doivent porter un robinet intermédiaire permettant de les visiter pendant la marche.

En outre, lorsque plusieurs corps de chaudières sont en communication, le régulateur d'alimentation est obligatoire pour chacun d'eux.

On ne saurait évidemment se servir d'un robinet ordinaire à cause des retours de vapeur qui se produiraient dans la pompe ou alors il faudrait utiliser un clapet de retenue

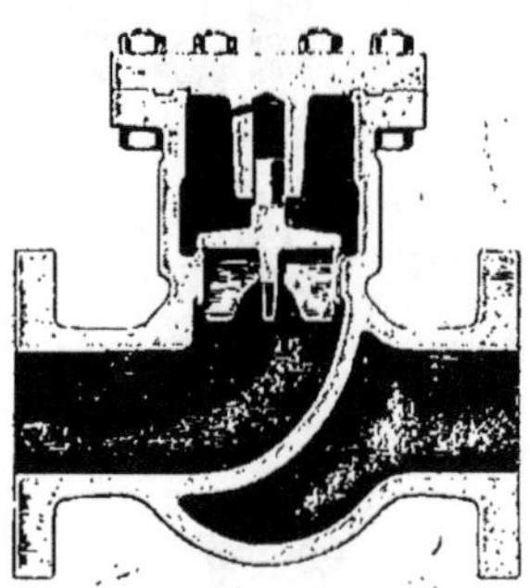

Fig. 44.

(fig. 44) pouvant s'ouvrir sous la poussée de l'eau et se fermer sous celle de la vapeur.

Mais même dans ce cas l'emploi du robinet serait peu

pratique vu la difficulté qu'il y aurait à régler le débit dans des proportions souvent très faibles.

Les régulateurs les plus employés sont le régulateur d'Indret pour la marine de guerre et le régulateur à robinet dans la marine de commerce.

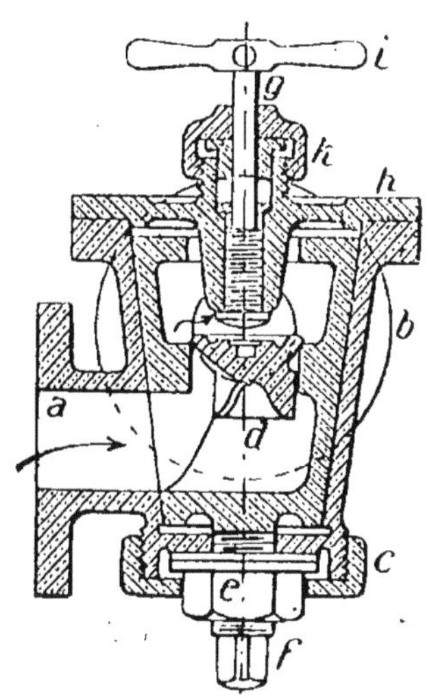

Fig. 45.

Régulateur d'Indret (fig. 45). — La caractéristique de ce régulateur, c'est que la noix se manœuvre par le bas. Il se compose d'un boisseau portant deux tubulures à 90° et muni à la partie inférieure d'un filetage sur lequel vient se fixer un frein *c*.

La noix est creuse et porte une nervure formant siège et pouvant recevoir le clapet *d*. Elle est prolongée par une partie filetée sur laquelle se visse un écrou à embase *e* et est terminée par une partie carrée *f*.

Enfin une tige filetée *g* destinée à régler la levée du clapet se meut dans le couvercle *h* de l'appareil au moyen du croisillon *i*. Un presse-étoupe et son chapeau *h* empêchent le régulateur de fuir.

Le courant d'eau se fait du conduit *a* au conduit *b*.

Visite du clapet en marche. — L'écrou *e* est dans la position indiquée par la figure et la noix est coincée dans son boisseau.

On desserre alors l'écrou *e*. Quand l'embase de celui-ci repose sur le frein *c* l'écrou tourne sur lui-même ce qui fait monter la noix et la décoince. Au moyen d'une clef appliquée sur la partie carrée *f* on ferme le robinet en faisant tourner la noix de 90°. Puis on recoince cette dernière en revissant l'écrou *e*. Quand cet écrou s'applique sur le boisseau et que l'on continue à le faire tourner ne pouvant plus avancer, il fait redescendre la noix. En enlevant le chapeau *h* on peu visiter le clapet.

Pour remettre l'appareil en marche on procède inversement.

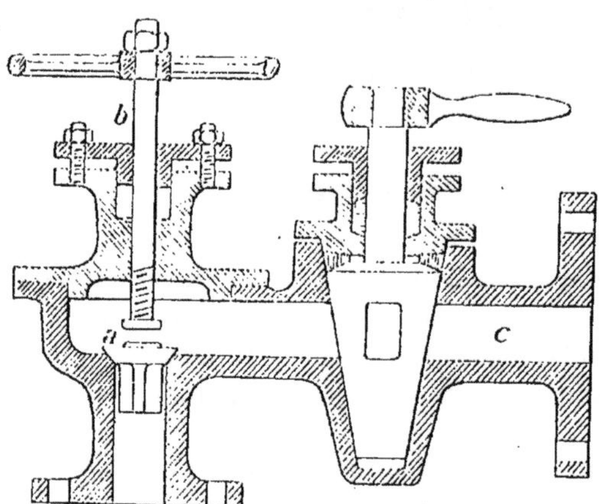

Fig. 46.

Régulateur à robinet (fig. 46). — Très employé dans la marine de commerce, cet appareil se compose d'un régu-.

lateur proprement dit muni d'un clapet et réglable en levée par la tige *b*. Il est accolé du côté de la pompe à un robinet ordinaire C fixé sur la chaudière.

En marche le robinet C est ouvert et pour visiter le clapet du régulateur il faut fermer C.

Seulement le plus grand soin doit être pris du robinet C, de façon à assurer son étanchéité parfaite.

Soupapes de sûreté. — Ce sont des appareils destinés à se soulager automatiquement en cas d'excès de pression dans la chaudière, pour en laisser échapper la vapeur dans l'atmosphère. Elles doivent ensuite pouvoir retomber d'elles-mêmes et doucement sur leur siège.

Elles sont absolument réglementaires, en vertu de l'art. 42. Ce dernier dit d'ailleurs que chaque chaudière doit être munie d'au moins deux soupapes de sûreté à ressort, convenablement installées, calculées et chargées de manière :

1° Que chacune d'elles puisse suffire pour évacuer à elle seule toute la vapeur produite quelle que soit l'activité du feu, sans que la pression effective dépasse de plus d'un dixième la pression indiquée par le timbre ;

2° Qu'elle se soulève avant que la pression excède d'un vingtième celle qui est indiquée par le timbre.

Les mesures nécessaires doivent être prises pour que l'échappement de la vapeur ou de l'eau chaude ne puisse pas occasionner d'accident.

Sur les chaudières dont la surface de grille est inférieure à 45 décimètres carrés, il n'est exigé qu'une seule soupape.

Ainsi qu'on le voit, *seule la soupape de sûreté à ressorts doit être employée dans la marine.*

On a complètement abandonné l'ancien système dit à contrepoids.

Le système utilisé se compose (fig. 47) d'une boîte en acier portant deux tubulures semblables à D et qui se fixent sur la chaudière, autant que possible directement. Quand il existe

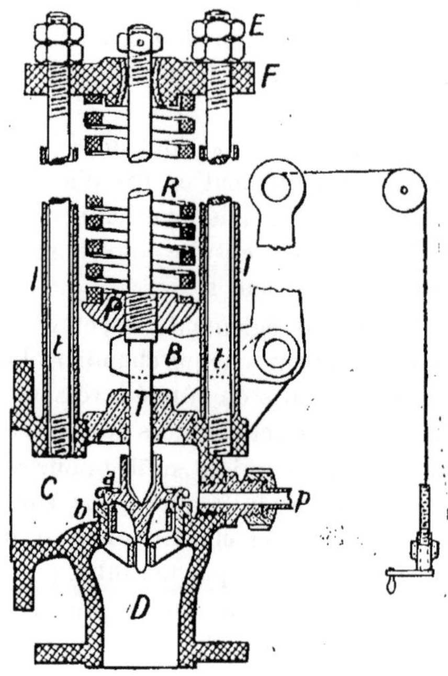

Fig. 47.

un tuyau de raccordement celui-ci doit être aussi court que possible.

Au-dessus des tubulures D se trouvent des sièges rapportés en bronze *b*, à ailettes, sur lesquelles viennent appuyer des clapets *a* en bronze à portage plan et extrêmement réduit (plus petit que deux millimètres). La pratique a en effet appris que plus le portage d'un clapet est petit, mieux se fait le rodage et meilleure est l'étanchéité.

Comme la soupape de sûreté doit être parfaitement étanche, on est donc conduit à diminuer autant que possible le partage du clapet. Ce dernier a d'ailleurs un autre diamètre plus grand. Ceci a pour but de lui permettre de rester soulagé, jusqu'à ce que la pression soit notablement diminuée. On évite ainsi des battements du clapet sur son siège, qui autrement seraient inévitables.

Chaque clapet est appuyé sur son siège grâce à un ressort R que l'on bande à volonté au moyen des écrous E et du plateau F.

Nous verrons en conduite de quelle façon on s'y prend pour tarer un ressort de soupape de sûreté.

Lorsque le ressort a été calculé exactement, on interpose sur les tiges t des tubes 1 qui empêchent toute main maladroite ou mal intentionnée de caler la soupape. Aucune soupape de sûreté placée sur les chaudières n'a un diamètre inférieur à 32 millimètres et la levée ne doit pas être limitée à moins du quart du diamètre pour les soupapes à simple siège.

On peut prendre pour le clapet 5 à 6 centimètres carrés par mètre carré de surface de grille ou utiliser la formule,

$$d^{cm} = 2,6 \sqrt{\frac{S}{P - 0,412}}$$

dans laquelle S est la surface de chauffe en mètres carrés, P la pression en atmosphères et d le diamètre moyen.

La vapeur en excès est évacuée par le conduit commun C qui est muni d'un tuyau montant verticalement sur le pont. Un tuyau de purge p est installé pour l'écoulement de l'eau condensée, ce qui évite toute surcharge de la soupape.

L'une au moins des soupapes est munie d'un appareil B permettant de la soulever et manœuvrable de la chambre de chauffe.

Le siège des soupapes n'est pas forcément plan. La figure 48 montre une soupape conique à gorge remplissant

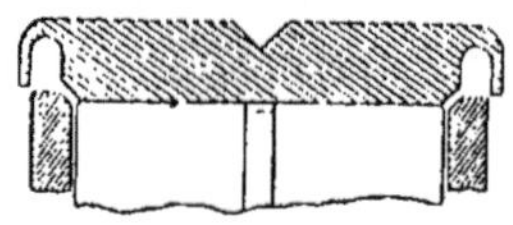

Fig. 48.

le même office que la précédente, mais le siège a ainsi plus de tendances à se voiler.

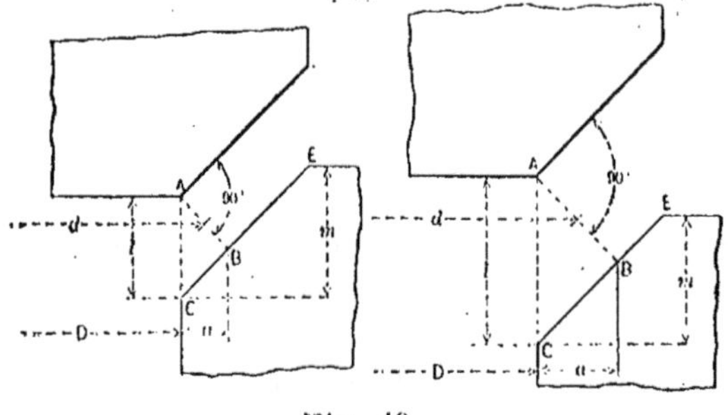

Fig. 49.

La figure 49 montre l'état d'une soupape conique avec une levée l.

On déduit de cette figure les équations suivantes, donnant la section d'écoulement S de la vapeur pour un diamètre D et une levée l.

$$A B = l \sin 45° = 0,707\, l$$

$$d = D + \left(2\, \frac{a}{2}\right) = D + \frac{l}{2}$$

$$S = A B\, \pi \left(D + \frac{l}{2}\right) = 0,707\, l\, \pi \left(D + \frac{l}{2}\right) =$$

$$= 0,707\, \pi\, D\, l + 0,707\, \frac{\pi\, l^2}{2} = 2,22\, D\, l + 1,11\, l^2$$

Autres genres de soupapes de sûreté. — La figure 50 nous montre une soupape de sûreté du système de celle que nous avons étudiée et très employée sur les bateaux de commerce. Elle diffère de la précédente en ce qu'au lieu des tubes de garantie I on a ici une bague en acier *a* dite bague

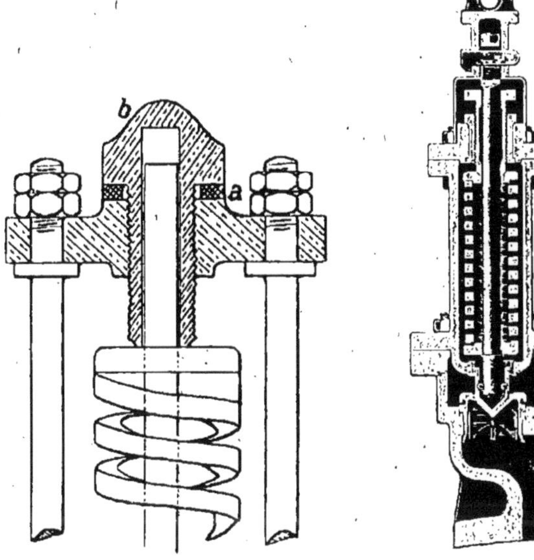

Fig. 50.   Fig. 51.

de sûreté. Le bouchon *b* qui forme serrage appuie à bloc sur la bague calibrée à l'épaisseur voulue et poinçonnée sur ses deux faces. Parfois même un cadenas empêche le dévissage du bouchon *b*, comme le présente la figure 51.

Soupape Auld (fig. 52). — Dans cette soupape, la pression de la vapeur soulage d'abord la soupape *b*, puis, si elle continue à augmenter, la soupape *d* qui envoie la vapeur dans le piston *e*. Celui-ci se soulève jusqu'à buter sur le

collet *o*, ce qui permet une plus grande ouverture de la
soupape *b*.

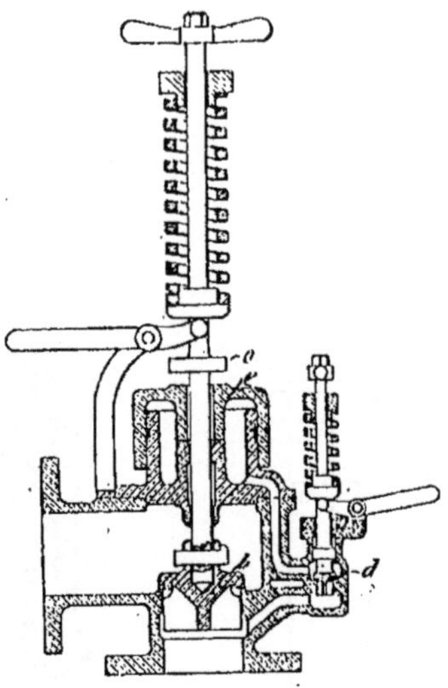

Fig. 52.

Bouchons fusibles. — On a parfois besoin d'être averti
d'un manque d'eau dans la chaudière. Dans ce cas on peut

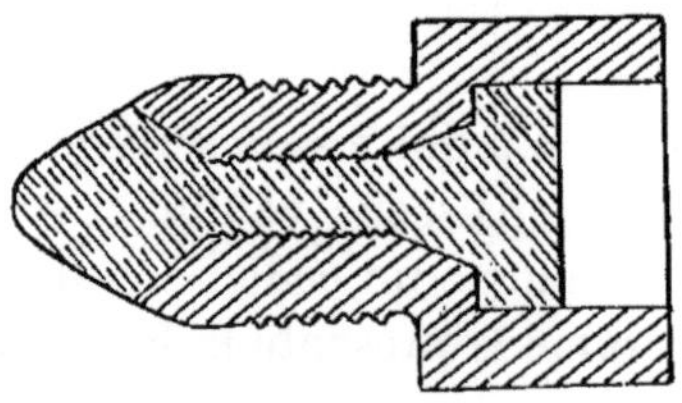

Fig. 53.

se servir de bouchons fusibles qui sont des alliages de plomb,
antimoine et bismuth placés dans les parties de la façade de
la chaudière au-dessous desquelles l'eau ne doit pas descendre;

ces bouchons quand la tôle chauffe trop fondent et avertissent le mécanicien. Enfin en cas d'accidents ils peuvent faire connaître si l'eau est descendue au-dessous des surfaces de chauffe. Ils ont la forme de petits troncs de cône allongés.

Parfois aussi on en place dans le ciel de foyer. Dans ce cas si le bouchon fond, la vapeur éteint le feu et tout accident est évité.

Ils ont, dans ce cas, la forme de la figure 53.

Soupape d'arrêt (fig. 54). — Cette soupape a pour but d'intercepter la communication de la vapeur entre la chau-

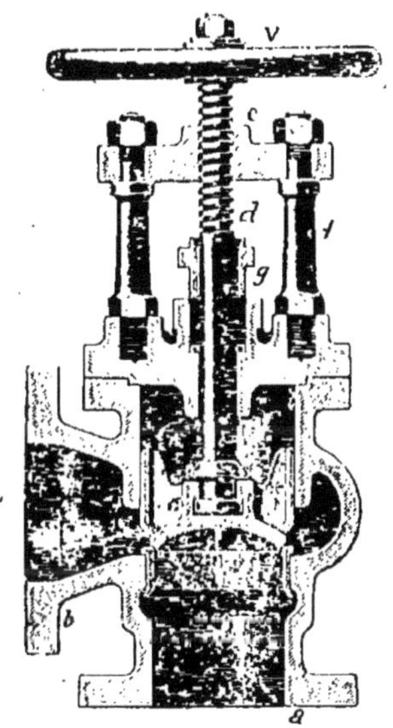

Fig. 54.

dière et le collecteur de vapeur. Elle porte deux tubulures à 90° a et b, la tubulure a se fixant sur la chaudière. Un clapet c à portage conique est emmanché à émerillon sur une tige d

qui se visse dans un étrier *e*, tenu lui-même au moyen de colonnettes *f*.

Un presse-étoupe *g* fixé dans le plateau assure l'étanchéité de la tige, et sa manœuvre est assurée grâce au volant *v*. Celui-ci suivant les dimensions de la soupape peut être manœuvré soit à la main soit au moyen d'une chaîne pendant dans la chaufferie.

Soupape de communication (fig. 55). — Semblable à la précédente. Seule la disposition des brides a été modifiée.

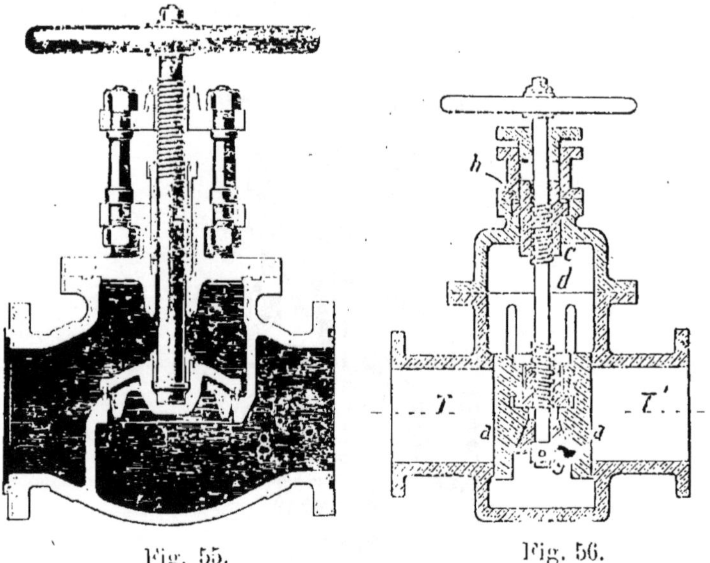

Fig. 55.   Fig. 56.

Il faut avoir soin dans le montage de s'assurer que le courant de vapeur arrive au-dessous du clapet sans quoi il serait impossible d'ouvrir cette vanne.

Peet-Valve Ciron (fig. 56). — Cet appareil sert également de soupape d'arrêt ou de communication. Il se compose d'une boîte en bronze portant deux tubulures TT'' dans le prolongement l'une de l'autre. L'interception est assurée au moyen de 2 flasques circulaires ou elliptiques aa' venant s'appliquer sur des parties bien dressées de la boîte.

L'entraînement des flasques est assuré au moyen d'un écrou mobile b, et le mouvement est dû simultanément aux deux écrous b et c (l'écrou c étant fixe) et à la tige d. Celle-ci porte deux filetages égaux et de pas contraire ce qui fait que tandis que pour un tour de volant les flasques grâce à l'écrou c ont monté d'une quantité égale au pas, l'écrou b ayant lui-même pendant ce temps monté de la même quantité, les flasques sont montées d'une quantité égale au double du pas.

Le mouvement est ainsi considérablement accéléré, tant à la descente qu'à la montée.

Sur la tige est claveté un coin g dont l'effet est d'appuyer énergiquement les flasques sur leur portage, lorsque à la fermeture on fait sur le volant un certain effort. On conçoit en effet qu'à ce moment les flasques descendant toujours plus rapidement que la tige (et par suite que le coin), elles viennent se bloquer sur ce dernier.

Au décollage cependant il en résulte un inconvénient sérieux : la difficulté dans laquelle on peut se trouver de desserrer la soupape. On remédie à cet inconvénient en laissant à l'écrou fixe un peu de jeu en h ce qui fait qu'au début de la manœuvre cet écrou se trouve en quelque sorte immobilisé. La tige ne tend donc pas à monter, et le mouvement des flasques, fonction seulement de l'écrou b, peut commencer plus facilement.

Cette soupape est sujette à des ruptures lors de trop forts serrages.

Clapet automatique d'arrêt de vapeur (fig. 57 et 58). — En état normal de travail tous les générateurs groupés, ensemble concourent pour fournir la vapeur aux machines.

La vapeur en sortant d'un de ces générateurs frappe contre la pointe de la partie conique du clapet de sûreté C, pousse à fond le guide B (comme l'indique la figure 58), passe librement autour du cône et entre les bras du guide pour se rendre au collecteur et de là aux machines.

Si le régime de marche du groupe des générateurs se

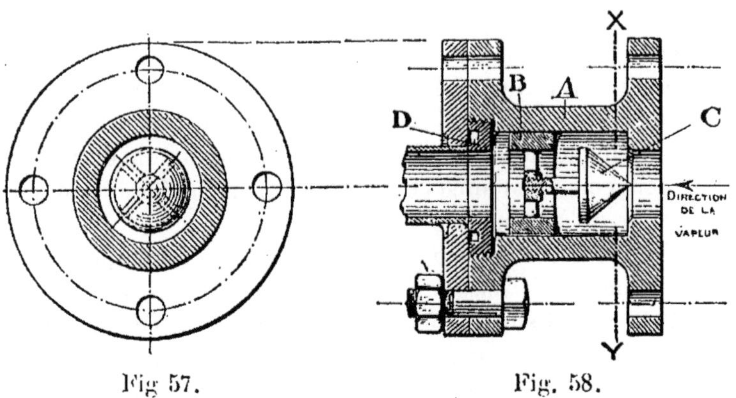

Fig 57.   Fig. 58.

trouve tout à coup détruit par l'explosion d'une des chaudières ou d'un tube vaporisateur, l'équilibre rompu, en raison de la déperdition de pression de la chaudière détériorée, fait changer instantanément la direction de sortie de cette énorme masse de vapeur disponible accumulée, qui, au lieu d'aller aux machines, afflue en sens inverse par le gros collecteur ou détendeur pour s'échapper avec impétuosité au travers des déchirures ou du tube vaporisateur rompu.

C'est à l'instant de cet échappement inopiné qu'entre en jeu l'appareil à clapet de sûreté automatique, dont le clapet conique poussé avec force en sens inverse par cette masse de vapeur se colle contre son siège et bouche instantanément l'orifice de communication.

Le générateur détérioré est donc de suite isolé du groupe

qui peut continuer à fonctionner normalement en attendant la
réparation de cet accident qui aurait pu avoir des conséquences très graves et se changer en une véritable catastrophe
sans l'intervention de cet appareil qui est du système Dorier.

Les clapets battants souvent employés semblent moins
avantageux.

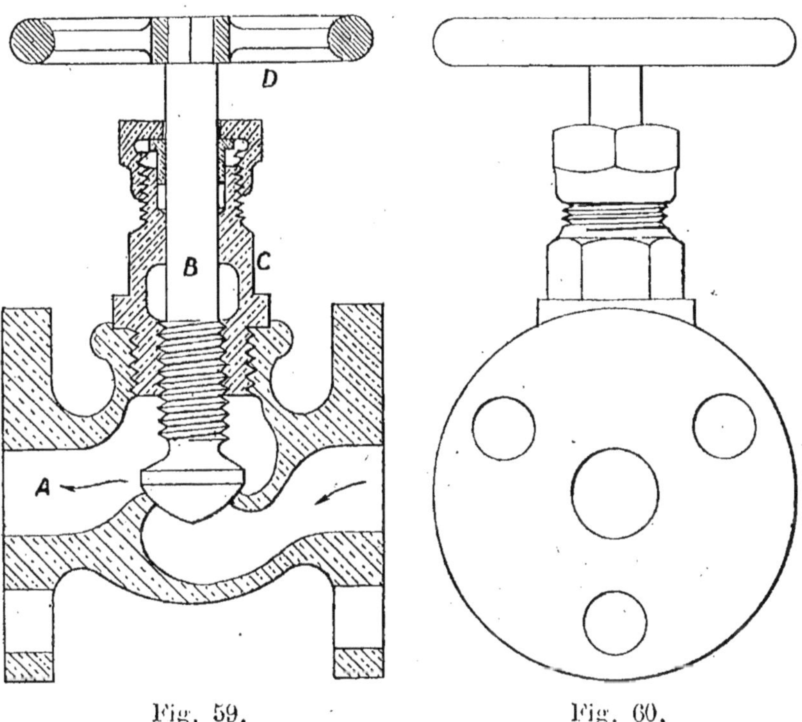

Fig. 59.   Fig. 60.

Robinet boule ou soupape Thévenin (fig. 59-60). —
Ce robinet est très employé dans la marine. Il doit son nom
à la forme quasi sphérique de sa boîte A. Celle-ci porte deux
nervures qui forment siège. La tige B se visse dans un bouchon C portant le presse-étoupes.

La tige est terminée par un champignon ogival qui forme clapet.

La manœuvre est obtenue au moyen du volant D.

Dans le montage il faut avoir bien soin de placer l'appareil de façon que le courant de vapeur se fasse par en-dessous comme l'indiquent les flèches. Sans cette précaution il serait difficile d'ouvrir le robinet.

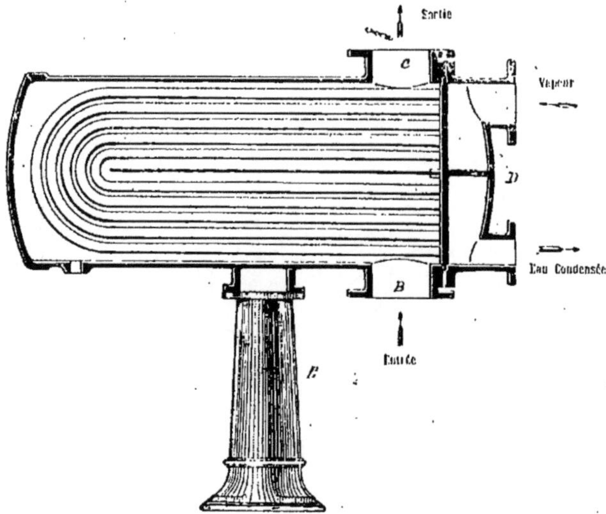

Fig. 61.

Réchauffeurs d'eau d'alimentation (fig. 61). — Ces appareils ont pour but d'utiliser la vapeur d'échappement des cylindres, c'est-à-dire de la vapeur qui ne pourrait plus être employée, pour récupérer au profit de l'eau d'alimentation la plus grande partie des calories contenues dans cette vapeur.

Le bénéfice que l'on en retire est parfois considérable, l'eau d'alimentation pouvant de ce fait dans certains cas arriver presque bouillante au générateur. De nombreux types de réchauffeurs existent. L'appareil que nous décrivons, dit type S. G., nous a paru particulièrement pratique.

Il se compose d'un corps cylindrique A en fonte, comportant les tubulures d'arrivée et de sortie d'eau, B et C.

Un couvercle en fonte D comporte des tubulures d'arrivée de vapeur et d'évacuation d'eau condensée. Un faisceau tubulaire est fixé à l'intérieur de l'appareil.

Les tubes sont en cuivre, courbés en u et mandrinés aux deux extrémités dans une plaque en tôle de fer.

L'appareil porte une patte E permettant de le fixer soit sur une colonne, soit sur un bâti, soit sur une cloison.

Détendeurs. — La pression à la chaudière étant malgré une chauffe bien conduite sujette à des variations, on a dû imaginer des appareils susceptibles de distribuer dans la machine de la vapeur à une pression toujours constante sous la seule réserve que cette pression restât constamment inférieure à la pression la plus faible à la chaudière.

L'appareil que nous décrivons est le détendeur Muller et Roger, bien connu dans la marine (fig. 62). -

Il se compose d'une boîte AA' en bronze, fonte ou acier dans laquelle se trouve une soupape équilibrée SS' grâce aux égales sections de ses deux clapets. Ces derniers sont solidaires de la même tige L portant une cannelure e qui sert de piston.

La soupape se règle avec le ressort R. En tendant ce ressort au moyen du volant V on se rend compte que l'on ouvre la soupape.

Le bandage est possible grâce aux doigts d glissant dans des rainures. Un levier h permet d'ouvrir à la main les soupapes.

Comme l'appareil se monte souvent en sens inverse de la position qu'il occupe sur la figure, pour équilibrer le poids des soupapes, on a disposé un ressort r. Ce dernier est destiné en outre à vaincre les frottements légers qui pourraient se produire.

Fonctionnement. — La vapeur entre dans l'appareil par l'orifice A' rencontre les surfaces SS' de la soupape à deux

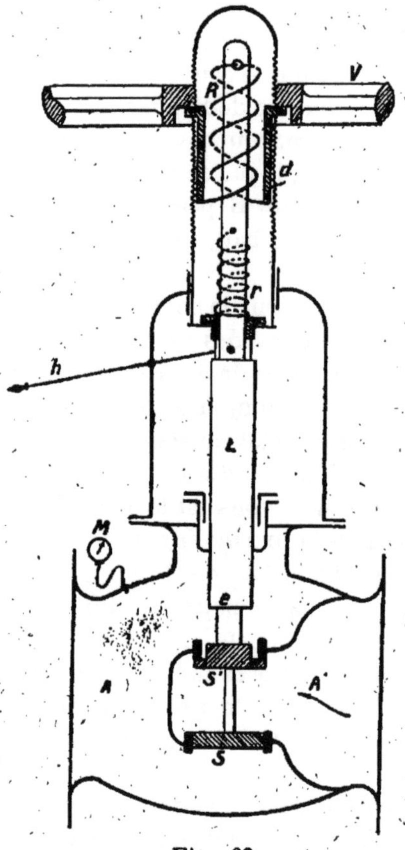

Fig. 62.

voies maintenue fermée par l'action du ressort intérieur *r* qui équilibre son poids.

Pour faire fonctionner l'appareil on tend le ressort intérieur

R à l'aide du volant de manœuvre V jusqu'à ce que l'on ait obtenu de la sorte la pression voulue indiquée par le manomètre M.

La vapeur détendue agit alors seule sur l'épaulement de la tige L et tend par suite à fermer l'appareil tandis que le ressort R tend à l'ouvrir.

Si la pression augmente à la chaudière, c'est-à-dire du côté de A' l'action de la partie *e* devient prépondérante ; la soupape se ferme progressivement laminant en même temps et de plus en plus la vapeur, ce qui fait que la pression du côté de A ne tend pas à diminuer.

Si au contraire la pression diminue à l'entrée, le ressort R se détend ; la soupape s'ouvre et une plus grande quantité de vapeur vient rétablir l'équilibre.

Soupape de sûreté. — Il est utile de mettre une soupape de sûreté à la sortie de l'appareil.

En effet si par suite de la surpression totale du débit la pression tendait à s'équilibrer des deux côtés de la soupape, à l'entrée et à la sortie, la soupape de sûreté réglée pour la pression de détente laisserait échapper l'excès de pression et éviterait tout accident.

Purgeurs automatiques. — Les purgeurs automatiques sont des appareils servant à évacuer automatiquement et sans perte de vapeur l'eau qui se forme par suite de la condensation dans la conduite de vapeur.

Dans certains genres de purgeurs on utilise la différence de densité, dans d'autres la différence de température entre la vapeur et l'eau condensée pour produire l'ouverture et la fermeture de l'orifice de sortie.

D'autres encore fonctionnent au moyen de flotteurs ou au moyen de pistons de surface différente, etc., etc.

Nous étudierons ici le purgeur Geipel très répandu aujourd'hui, adopté d'ailleurs par la marine de l'État, et avec chaque chaudière spéciale nous verrons le purgeur *ad hoc*.

Purgeur Geipel. — Ce purgeur est constitué en principe par deux tuyaux l'un en fer, l'autre en laiton et dont les axes forment un triangle isocèle.

Dans ce triangle isocèle un minime changement dans la longueur des côtés produit un mouvement considérable au sommet.

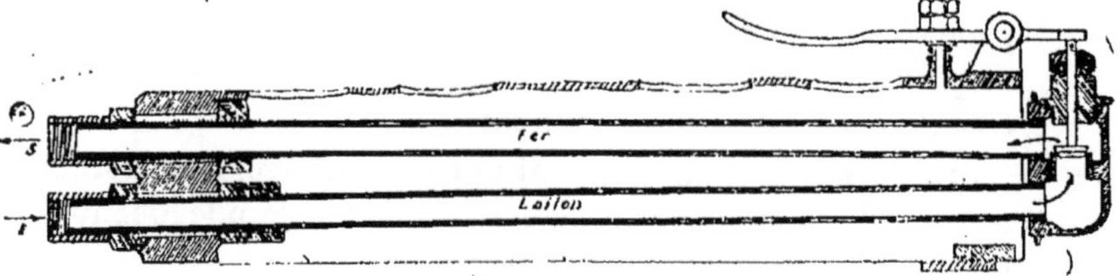

Fig. 63.

Le croquis (fig. 63) montre la méthode adoptée dans la construction de l'appareil.

Le tube en laiton est celui du bas et est relié par un tuyau ou collecteur qu'il s'agit de purger. Le tube supérieur en fer sert de sortie à l'eau d'évacuation.

La valve de décharge est placée au sommet du triangle isocèle.

Le clapet butte, par sa tige contre un levier qui en temps de fermeture appuie sur lui sans force. Cette fermeture a lieu à chaud.

Quand l'eau a rempli le tube de laiton, ce dernier se refroidit, par suite se contracte attirant vers le bas le sommet du triangle ; le clapet s'ouvre, ce qui permet à l'eau d'être chassée dans la poussée de la vapeur.

Dès que l'eau est sortie, la vapeur réchauffe l'appareil, le fait dilater ce qui fait remonter le sommet et le clapet maintenu par le levier et le ressort s'appuie sur son siège.

Un écrou placé sur le levier permet de régler le mouvement du clapet à toute pression.

De plus, pour purger à fond et à n'importe quel moment il suffit de presser à la main sur le levier ; le clapet s'ouvre complètement. Pour examiner ce dernier il n'y a qu'à desserrer l'écrou.

Pour monter l'appareil il suffit de le fixer contre une cloison ou contre le bâti de la machine.

Mise en marche. — La mise en marche est facile : serrer les écrous du levier de façon à ce que la vapeur sorte librement. Ensuite, les desserrer jusqu'à ce qu'on n'aperçoive plus trace de vapeur à l'extrémité du tuyau de décharge.

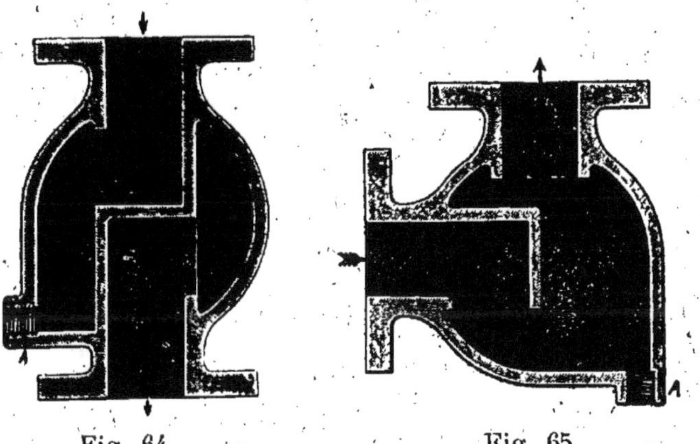

Fig. 64.   Fig. 65.

Séparateurs d'eau et sécheurs de vapeur. — Le principe de ces appareils consiste dans l'installation d'un certain nombre de chicanes sur le parcours de la vapeur.

Quelques appareils spéciaux pour des conduites de vapeur de faible section sont indiqués par les figures 64 et 65.

Ces appareils sont construits en fonte spéciale à grande résistance à la rupture.

Ils conviennent jusqu'à 12 kilogrammes de pression.

Les orifices A permettent de fixer sur ces appareils un tuyau les faisant communiquer avec un purgeur automatique.

Appareil Bez pour l'introduction du William's dans les chaudières. — Il est d'usage aujourd'hui d'introduire dans les chaudières certains liquides qui ont pour effet d'éviter la formation de dépôts de sel dans les chaudières ou d'enlever ceux de ces dépôts qui s'y trouvent déjà.

Nous étudierons en conduite, tout ce qui se rapporte à cette question, mais déjà ici nous pouvons signaler un appareil réellement ingénieux pour l'introduction de ces corps. C'est l'appareil qu'a fait breveter M. Bez pour son William's.

Dans les installations simples, où il n'y a qu'une seule chaudière sans réchauffeurs ni filtres, il suffit de mettre le liquide dans un petit récipient, mis lui-même en communication avec le tuyau d'aspiration de la pompe alimentaire par un branchement muni d'un robinet ; mais dans une installation comportant plusieurs chaudières il est nécessaire de recourir à un autre dispositif pour avoir une introduction constante du liquide afin d'en assurer la répartition égale dans chacune des chaudières ; de même si l'installation est munie de réchauffeurs ou filtres il ne faut pas que le liquide traverse ces appareils où il pourrait se décanter ou se déposer.

Dans tous ces cas il faut placer le réservoir de liquide sur le refoulement et les difficultés d'installation ont été très heureusement diminuées par l'appareil Bez.

Cet appareil se compose en principe d'une bouteille placée sur le refoulement aux chaudières après les réchauffeurs et les filtres, comme l'indique schématiquement la figure 66.

La bouteille se compose d'un récipient cylindrique muni d'un bouchon supérieur B pour pouvoir verser le liquide et d'une purge P pour la vidange et le nettoyage (fig. 67).

L'équilibre dans la bouteille est établi grâce au tuyau C taillé en sifflet branché sur le refoulement aux chaudières avant la bouteille et communiquant avec la partie supérieure

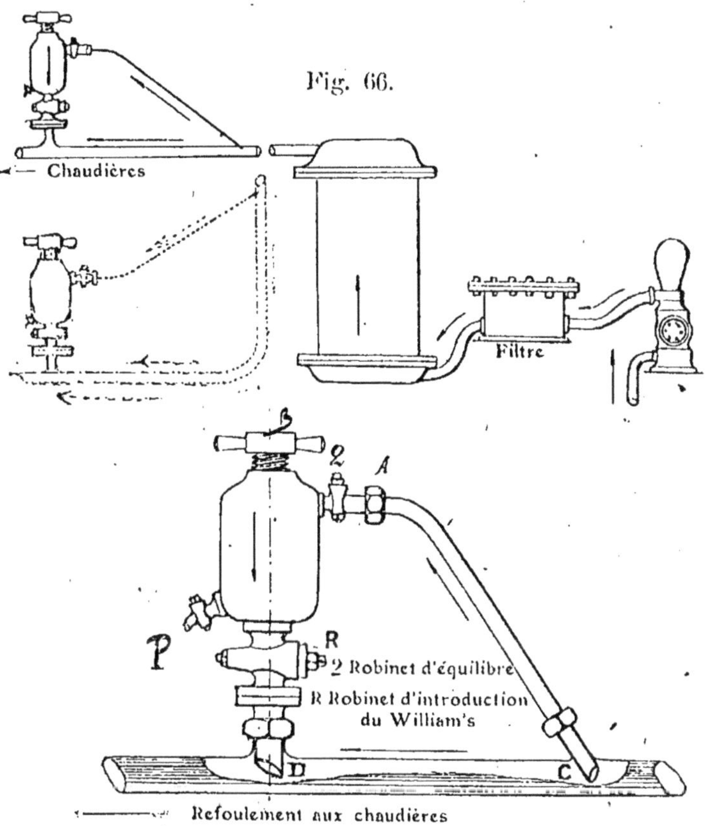

Fig. 67.

de celle-ci. Un robinet 2 permet de le fermer à volonté.

Le robinet R placé entre la partie inférieure de la bouteille et le refoulement sert à doser l'introduction du William's à volonté. La bouteille est terminée par un tuyau D taillé en sifflet. On remarquera que le sifflet C contrarie le courant direct et facilite l'ascension de l'eau dans la bouteille alors que le sifflet D évite que le refoulement gêne l'écoulement du liquide.

La figure 68 donne le détail d'assemblage du tube C.

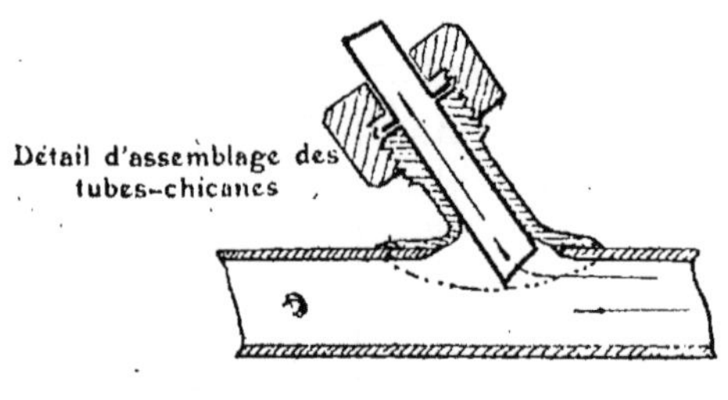

Fig. 68.

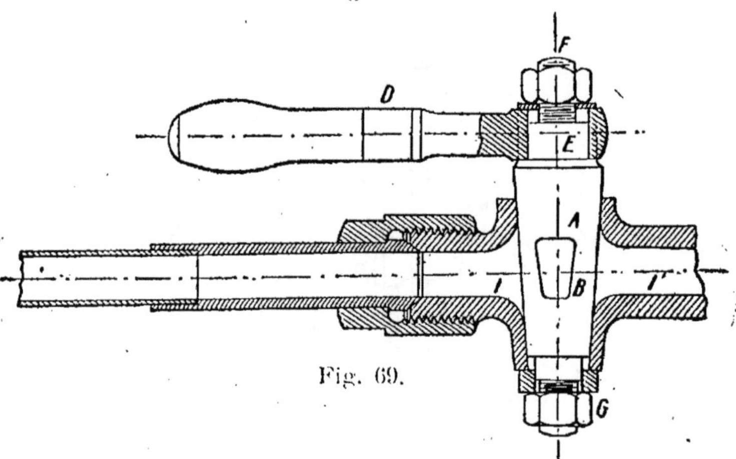

Fig. 69.

ROBINETTERIE

Robinet à boisseau (fig. 69). — Se compose d'une partie en forme de tronc de cône *A* percé d'un trou *B* et appelée noix. Cette noix est en bronze et s'emmanche dans une partie creuse de même forme appelée boisseau. Elle est terminée par une partie cylindrique portant un méplat et par une partie filetée.

La noix se meut à frottement doux dans le boisseau grâce à une clef D qui s'emmanche sur une partie carrée E de la noix où elle se maintient au moyen d'un écrou F.

Le serrage de la noix est obtenu par l'écrou G.

La partie I I' du boisseau est filetée. Le robinet peut ainsi se fixer sur les tuyaux entre lesquels il y a lieu d'intercepter ou de permettre la communication. Dans la position de la figure le robinet est fermé.

Remarque. — Le même robinet se fait fréquemment avec des brides au lieu des parties filetées I I'.

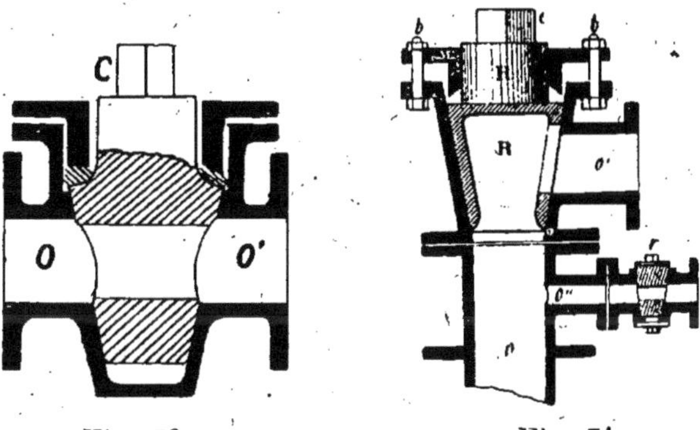

Fig. 70.   Fig. 71.

Robinet à presse-étoupe (fig. 70). — Cet appareil a quelque analogie avec le précédent; mais il sert pour les conduites de plus grand diamètre. Le robinet porte encore une noix percée d'un large orifice et la manœuvre se fait grâce au tournant C. Un presse-étoupe assure l'étanchéité.

Robinet creux (fig. 71). — Sert surtout pour les prises d'eau. La noix R est creuse et fait communiquer l'orifice o'

avec l'orifice *o*. Le serrage et l'étanchéité sont obtenus au moyen des écrous *b* serrant un chapeau de presse-étoupes.

Parfois sur la sortie d'eau *o* est prise une dérivation *o"* avec robinet interrupteur *r*.

Robinets à plusieurs voies. — Il y a parfois lieu de faire communiquer un orifice à volonté avec plusieurs autres. On emploie, dans ce cas, des robinets à plusieurs

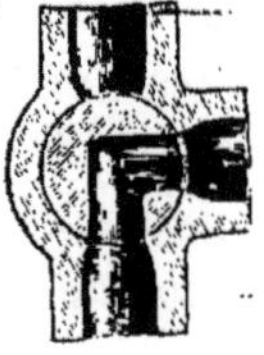

Fig. 72.   Fig. 73.

voies. Les figures 72 et 73 montrent un robinet à deux voies.

Le boisseau porte 3 brides et la noix 2 orifices à 90°, 2 traits sur le carré de la noix indiquent le sens des orifices.

La figure 74 est la coupe d'un robinet à 3 voies. Le carré de la noix porte encore des encoches indiquant le sens des orifices (fig. 75).

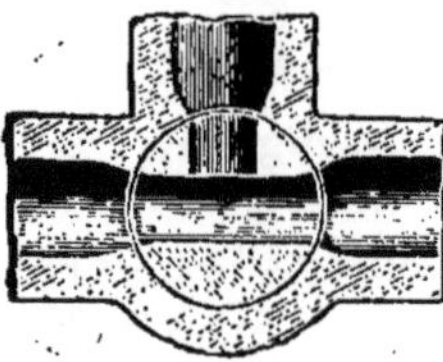

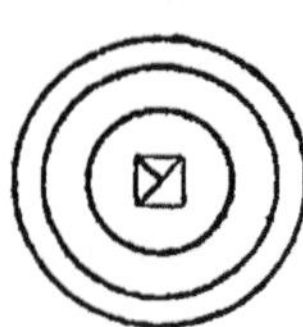

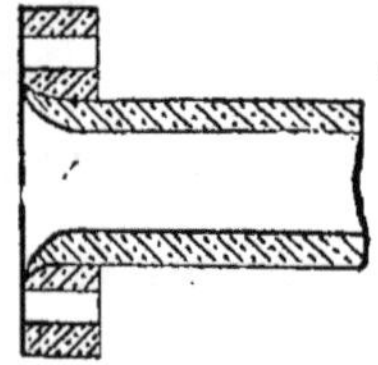

Fig. 74.   Fig. 75.   Fig. 76.

Joints. — Les gros tuyaux sont assemblés au moyen de pièces tournées et appelées brides. Ces brides sont fixées sur les tuyaux soit par brasures (fig. 76) soit par simple emmanchement, le tuyau étant restreint après le passage de la bride sur le tuyau (fig. 77). Ce cas se présente souvent dans le tuyautage des cales où il serait impossible d'em-

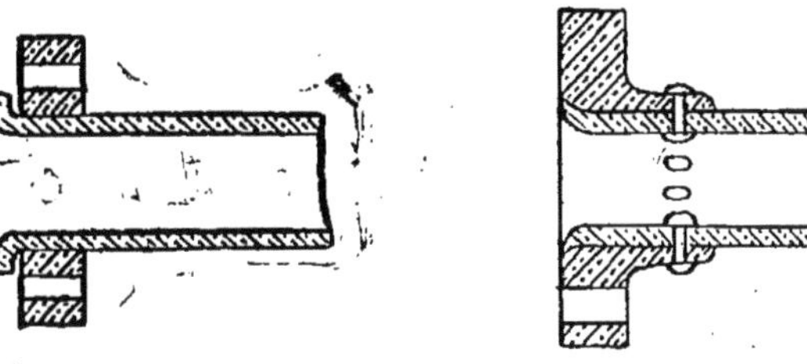

Fig. 77.　　　　　Fig. 78.

mancher les tronçons si ceux-ci faisaient corps avec leurs brides.

Parfois aussi (fig. 78) la bride est rivée sur le tuyau.

On emploie beaucoup aujourd'hui des tuyauteries de vapeur

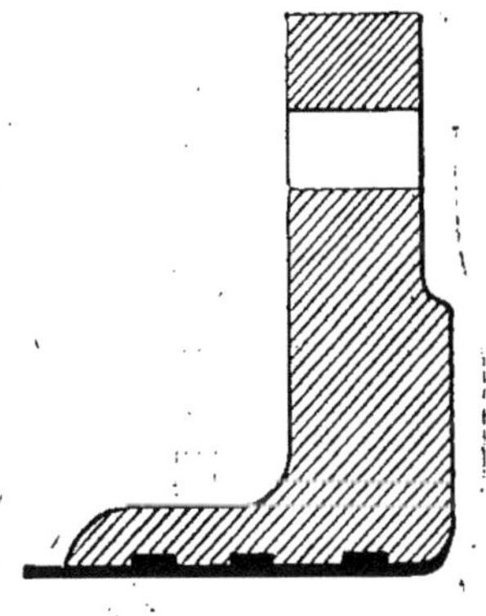

Fig. 79.

en acier avec brides de formes cornières en acier (fig. 79), les joints étant faits à plat, avec interposition d'une garniture métallique. Les tubes sont fixés dans les brides par mandrinage à froid et un collet du tube est rabattu dans un logement *ad hoc*, ménagé dans la bride.

L'assemblage est ainsi extrêmement résistant à tous les efforts dus à la pression et à la dilatation.

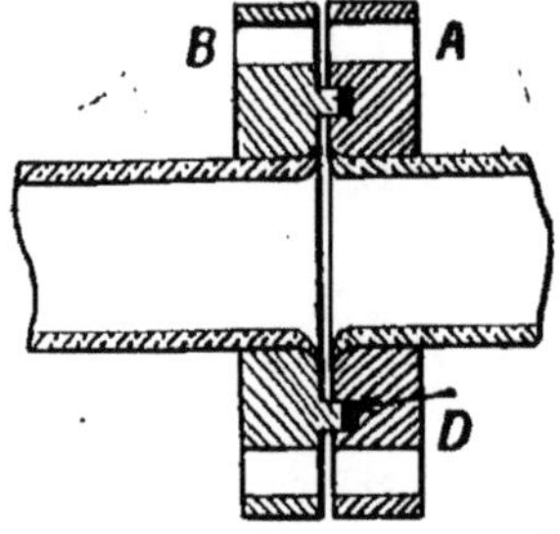

Fig. 80.

Joints à emboîtage (fig. 80). — Tous les joints précédents portent de petites rainures circulaires et concentriques au centre de la bride, destinées à permettre aux matières ser-

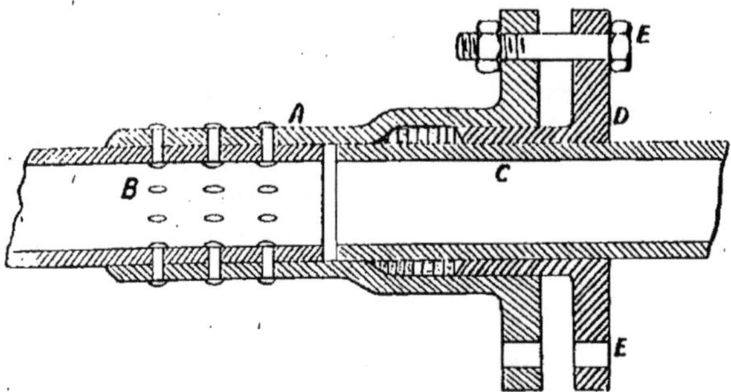

Fig. 81.

vant à compléter le joint, de s'incruster en quelque sorte dans les brides pour augmenter la garantie d'étanchéité.

Aujourd'hui cependant, les systèmes des brides précédentes s'emploient beaucoup avec joints à emboîtage. Une cavité circulaire est faite dans l'une des brides A par exemple et un mamelon de la bride B peut s'emmancher dans cette cavité.

Une tresse D serrée par le mamelon au fond de la cavité fait joint, à condition qu'après serrage des boulons des brides celles-ci ne viennent pas au contact l'une de l'autre.

Joint glissant (fig. 81). — Sur les gros collecteurs on est obligé pour la dilatation de ces tuyaux d'installer des joints spéciaux à presse-étoupe, dits joints glissants.

Une partie A en acier forme boîte à étoupes et est rivée sur le tuyau B.

Les tuyaux doivent être installés de telle sorte que l'extrémité de C ne puisse venir par dilatation buter sur B ni par contraction sortir de la boîte à étoupe. Le serrage est obtenu grâce au chapeau D et aux boulons E.

CHAPITRE VII

CHAUDIÈRES A TUBES DE FUMÉE

Chaudière elliptique à flamme directe. — C'est la plus ancienne des chaudières marines tubulaires. Elle a à peu près complètement disparu aujourd'hui.

Les figures 82 et 83 représentent deux vues schématiques de ce type de chaudière.

Dans le corps de chaudière proprement dit V' est emmanché le foyer F. Celui-ci est maintenu rigidement par des armatures h à la partie supérieure et à la partie inférieure et sur les côtés par les entretoises n.

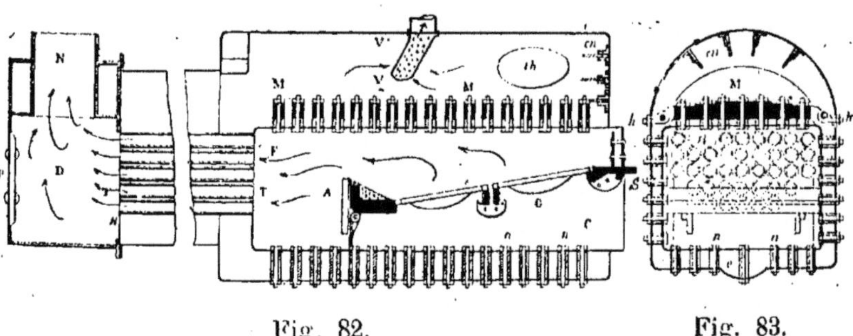

Fig. 82.   Fig. 83.

Le faisceau tubulaire T est tenu par le fond du foyer et une plaque de tête H, avec laquelle est jonctionné un compartiment D dit boîte à fumée. De ce compartiment part la cheminée N. Le combustible est réparti sur la grille G partant de la sole S et aboutissant à l'autel A.

Un trou d'homme *th* permet d'entrer dans le compartiment à eau et vapeur de la chaudière et la porte P permet de nettoyer la boîte à fumée.

Le parcours des gaz est le suivant : grille, tubes, boîte à fumée, cheminée.

Les scories et les cendres tombent dans le cendrier C. La vapeur est évacuée par la prise V munie d'une crépine pour éviter les entraînements d'eau.

Chaudière cylindrique à flamme directe. — On a fait des chaudières à flamme directe cylindriques, dont la disposition générale était la même que dans la chaudière précédente.

Ces chaudières, comme celles de forme elliptique ne sont plus employées dans la marine marchande.

On en trouve encore quelques types de plus en plus rares d'ailleurs dans la marine de guerre; celle que nous décrivons (fig. 84) a été employée sur un assez grand nombre de bateaux.

Les tôles sont en acier extra doux; les assemblages *b* des viroles sont à clin; de même ceux des fonds qui sont en deux parties. Cette chaudière est à 3 fourneaux ondulés (système Fox). Ce genre de foyer est encore très employé dans les chaudières cylindriques actuelles. Ils peuvent en effet donner une grande rigidité aux tôles, et pour une surface de chauffe déterminée, ils diminuent l'encombrement.

La figure 85 donne une vue perspective des 3 foyers et la figure 86 une coupe de l'un d'eux avec les dimensions principales.

La chambre de combustion est commune aux 3 fourneaux. Sa partie supérieure plane est consolidée par des tirants G reliés au moyen de cornièrages, à la virole milieu.

Cette chambre de combustion est divisée en plusieurs parties par des écrans en briques armaturés.

On évite ainsi de mettre les emmanchements des tubes directement en contact avec les flammes.

Dans certains cas cependant ces écrans n'existent pas.

Le plan de grille comporte 3 rangs de barreaux.

Les deux premières rangées sont inclinées et la troisième est horizontale, pour empêcher que le charbon ne soit projeté par dessus l'autel.

Ce dernier se compose d'un simple petit mur en briques réfractaires, armaturé par des cornières d'acier.

Les portes de fourneau s'ouvrent de dehors en dedans.

Cette disposition n'est pas très facile pour la conduite des feux. Elle est

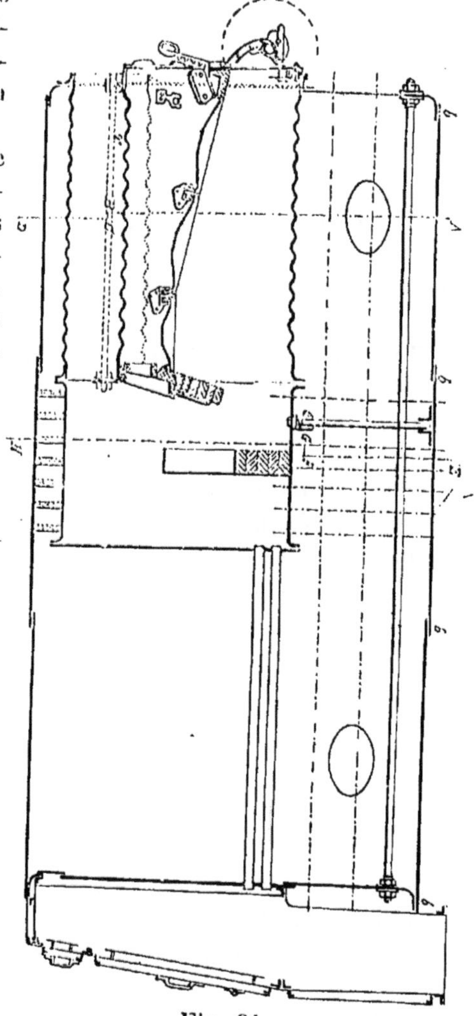

Fig. 84.

cependant à recommander, car elle est susceptible dans bien des cas d'atténuer les retours de flamme ou les projections de vapeur après un accident.

Malheureusement nous constatons que sur la plupart des

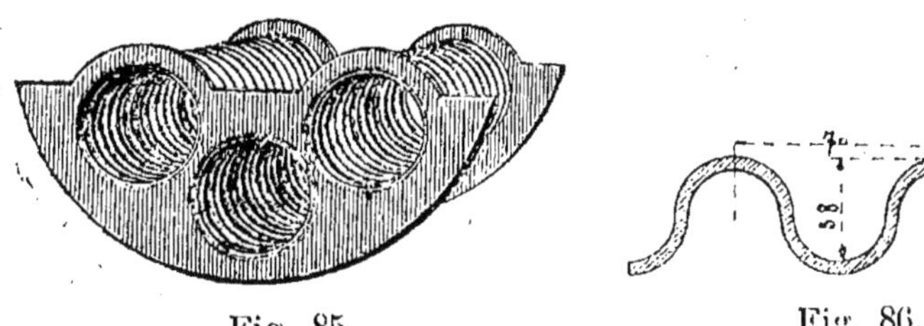

Fig. 85.   Fig. 86.

chaudières cylindriques des différents types employés au commerce, c'est la disposition inverse que l'on emploie.

L'ouverture des portes de cendrier est réglée au moyen d'une crémaillère.

Dans ces chaudières les tubes étaient généralement vissés dans la plaque de tête de la boîte à feu, dudgeonnés et bagués dans la plaque de tête de la boîte à fumée.

Ils étaient dans les derniers types en acier extra doux, étirés et sans soudure,

Les tubes tirants, en acier, étaient vissés dans les deux plaques de tête.

L'écartement des faces planes est obtenu au moyen de tirants très résistants, en raison de la longueur de la chaudière. Ces tirants sont de longues tiges de fer qui peuvent être du genre de la figure 87, c'est-à-dire filetés aux deux extrémités et munis d'un écrou et contre-écrou et de 2 rondelles. Parfois aussi ils n'affectent cette disposition que d'un seul côté. De l'autre ils portent une patte qui permet de les fixer rigidement sur la chaudière (fig. 88).

Comme on le voit sur la figure 84, la boîte à fumée est rapportée à l'arrière de la chaudière, ce qui fait que les gaz suivent un chemin en quelque sorte rectiligne du foyer à la cheminée.

En raison du grand volume de ces chaudières, il était nécessaire à l'allumage de brasser l'eau en aspirant à la partie supérieure et refoulant à la partie inférieure. Ces

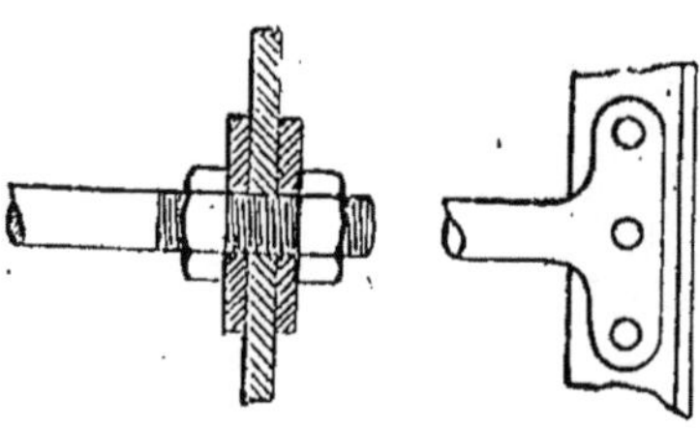

Fig. 87.   Fig. 88.

chaudières ont disparu parce qu'elles sont lourdes, encombrantes, difficiles à visiter, à mettre en place, à réparer, longues à allumer et très fragiles, la répartition de la chaleur se faisant trop lentement.

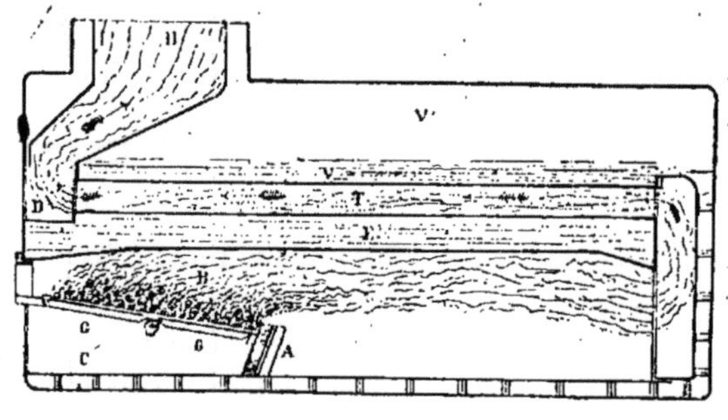

Fig. 89.

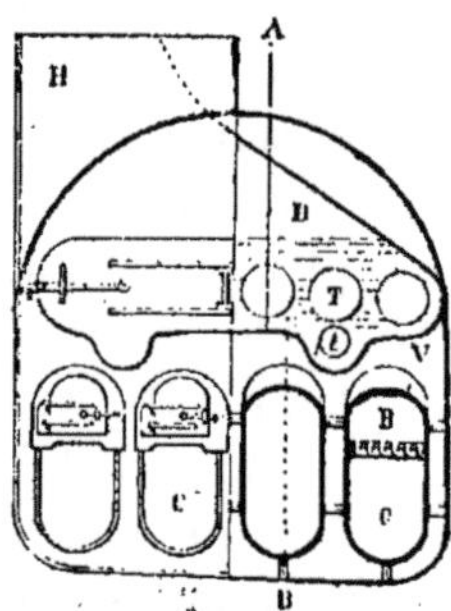

Fig. 90.

Chaudière elliptique à retour de flammes (fig. 89 et 90). — Les chaudières précédentes nécessitant un encombrement considérable (ce qui à bord où la place est limitée était un gros inconvénient) on fut amené à imaginer le type de chaudière dite à flamme en retour.

Les figures 89 et 90 représentent un des premiers modèles employés.

Les gaz partent du foyer B, circulent dans la boîte à feu

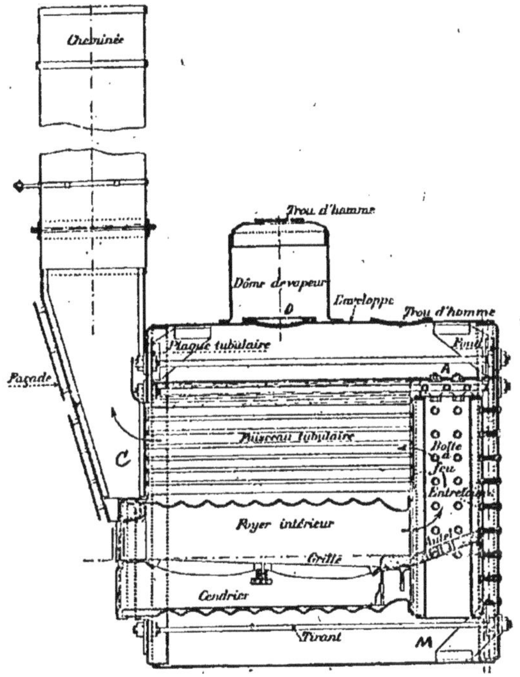

Fig. 91.

qui prolonge la grille, puis retournent en traversant les tubes T pour être évacués par la cheminée H qui se trouve sur l'avant. La chambre à eau se trouve située de la partie supérieure E du foyer au niveau V et la chambre à vapeur au-dessus. Ce type de chaudières ne convenait que pour les basses pressions. Pour les hautes pressions on dut le modifier, lui donnant la forme cylindrique qui (abstraction faite de la forme sphérique inutilisable à bord) est celle qui avec l'encombrement minimum offre le plus de résistance.

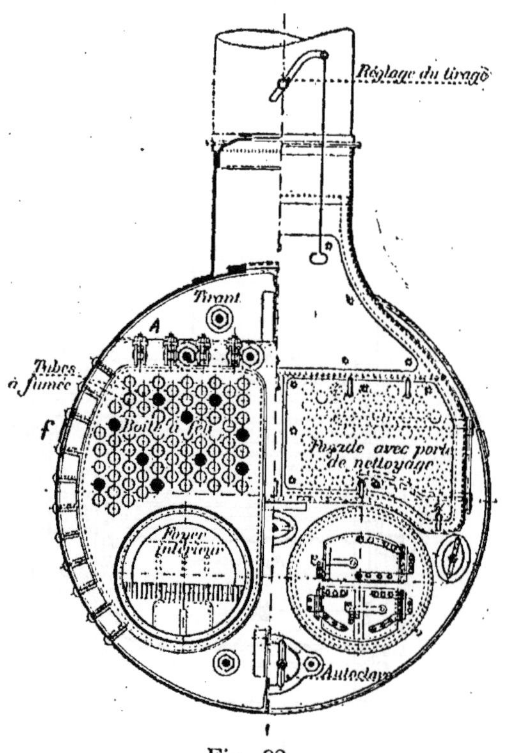

Fig. 92.

Chaudière cylindrique à retour de flammes (fig. 91 et 92). — Ce type de chaudières existe actuellement presque exclusivement sur tous les navires de commerce sauf sur quelques courriers.

La figure 91 représente une coupe longitudinale et la figure 92 une vue de face. L'enveloppe se compose d'une ou plusieurs viroles rivées à clin ou à franc bord. Sur la figure nous ne représentons qu'une virole rivée à franc bord en *J*.

Lorsqu'il y a plusieurs viroles celles-ci sont le plus souvent assemblées à clin.

Les fonds sont des faces planes en 1, 2 ou 3 parties assemblées à clin. Dans le fond qui se trouve sur l'avant de la chaudière ont été ménagées un certain nombre d'ouvertures pour les fourneaux.

Nous en représentons ici deux, mais il peut y en avoir un seul, trois ou quatre.

En outre une assez grande quantité de trous ont été percés pour le passage des tubes formant le faisceau tubulaire.

Ceux-ci sont tenus à l'arrière par une plaque dite plaque de tête ou plaque tubulaire. Par analogie on nomme souvent aussi plaque tubulaire le fond avant de la chaudière.

Cette plaque de tête arrière fait partie d'une boîte prismatique dite boîte à feu dont la partie supérieure est solidement soutenue par des armatures A et qui termine en quelque sorte le foyer ou fourneau.

Ce dernier est une sorte de cylindre rivé sur l'avant de la chaudière d'une part et d'autre part sur la boîte à feu.

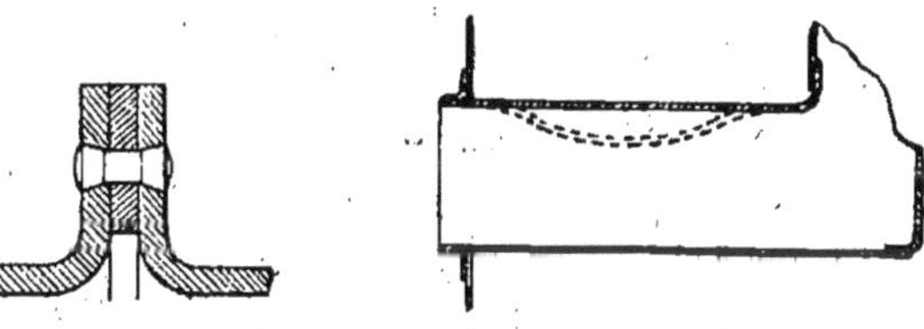

Fig. 93.   Fig. 94.

Les fourneaux sont en tôle d'acier doux. Ils se font parfois en tôle lisse. Dans ce cas le fourneau se compose de 2 cylindres de longueur sensiblement égale et rivés entre eux, avec interposition d'une bague d'acier (fig. 93), pour leur donner plus de rigidité, sans cela ils se cintreraient souvent comme

l'indique la figure 94. Parfois aussi, justement pour accroî-
tre cette rigidité, on les fait en tôle ondulée du système

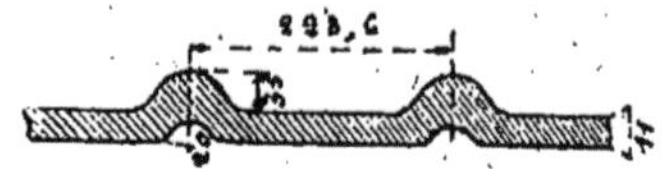

Fig. 95.

Purves (fig. 95) ou Fox (système déjà décrit). De cette façon
d'ailleurs on augmente notablement la surface de chauffe.

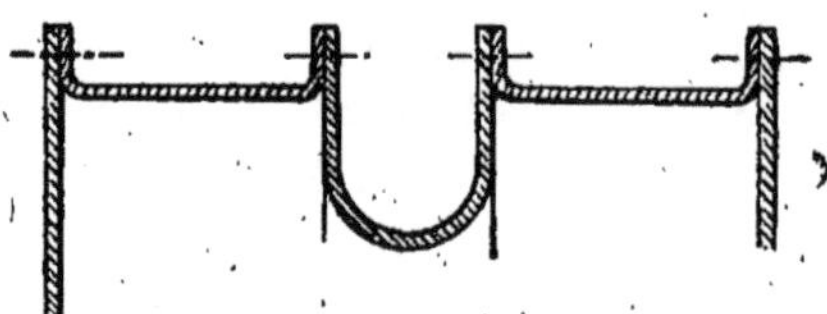

Fig. 96.

Quelquefois enfin l'élasticité est accrue par l'emploi de
foyers dits à soufflet (fig. 96).

Chaque partie du foyer est généralement formée d'une

Fig. 97.

seule virole rivée à clin. La rivure pour ne pas être soumise
à l'action des flammes doit être placée vers le bas et à 45°
environ (fig. 97).

Le foyer est sur notre schéma du système Fox. Il est prolongé comme nous l'avons vu par une boîte prismatique
ou boîte à feu.

En raison de l'action considérable de la vapeur sur cette partie plane et relativement peu résistante il a fallu la consolider solidement.

La partie supérieure en particulier est armaturée par des poutres reposant sur les parois verticales, maintenues à distance par des boulons munis de douilles, et sur ces poutres repose une plate-forme en fer ou en acier doux qui permet au

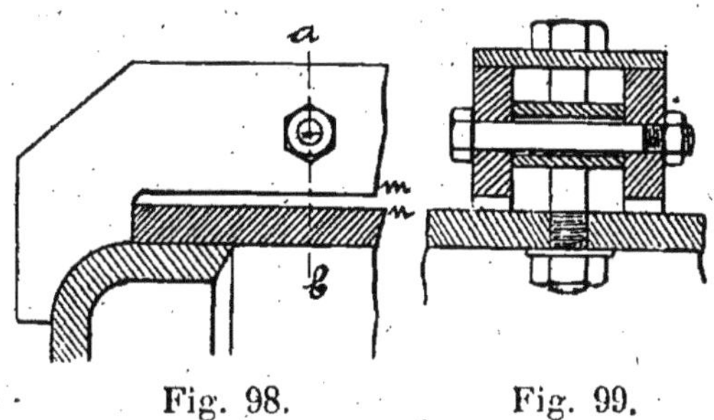

Fig. 98.   Fig. 99.

moyen de boulons verticaux d'empêcher la partie supérieure ou ciel de la boîte à feu de se déformer (fig. 98 et 99).

Les poutres ne doivent pas appuyer sur le ciel.

Le faisceau tubulaire débouche sur l'avant dans la cheminée. Celle-ci porte un registre à papillon se manœuvrant de la chaufferie pour le réglage du tirage, et des portes de façade pour le nettoyage de la culotte C de la cheminée et du faisceau tubulaire.

Les faces planes de la chaudière sont consolidées par des tirants. Ce sont ici de longues tiges d'acier filetées aux deux bouts et portant rondelles, écrou et contre-écrou de chaque côté et que nous avons déjà décrits.

La partie comprise entre la boîte à feu et le fond est consolidée par des tirants plus petits dits entretoises (fig. 100). Une sur trois de ces entretoises est généralement creuse.

De la sorte quand l'une d'elles est fissurée, un jet de vapeur sortant dans la chaufferie avertit le mécanicien

qu'il est temps de visiter cette partie de la chaudière.
Les entretoises sont vissées directement dans les tôles.
Elles portent à chacune de leurs extrémités un pas très fin.

Après leur mise en place, leurs extrémités sont généralement rivées.

Quelquefois ce sont de simples boulons avec embases et rondelles et assez souvent l'écartement des tôles est maintenu au moyen de douilles en fer.

Les coins de la chaudière sont consolidés par des corniérages spéciaux M nommés mouchoirs (fig. 101).

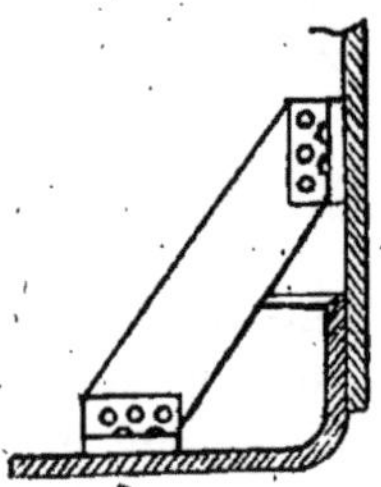

Fig. 100.   Fig. 101.

On peut pénétrer dans la chaudière soit par le haut soit par le bas au moyen de trous elliptiques nommés trous d'hommes et que l'on ferme au moyen de portes spéciales dites portes autoclaves. Ces portes sont elliptiques et s'appliquent sur la chaudière par l'intérieur. De la sorte la vapeur elle-même tend à accentuer la fermeture. Le serrage se fait au moyen de griffes appliquées sur l'intérieur de la chaudière, et de goujons fixés dans la porte elle-même.

Le joint est assuré par l'interposition d'une tresse d'amiante (fig. 102 et 103).

La vapeur est évacuée par l'orifice crépiné o et un dôme

de vapeur muni d'une porte autoclave porte les différentes soupapes de prise de vapeur.

Les foyers et cendriers sont munis de portes à loquet s'ouvrant généralement de dedans en dehors. (Le contraire cependant serait préférable.)

Toute la tôlerie de la chaudière est en acier extra-doux.

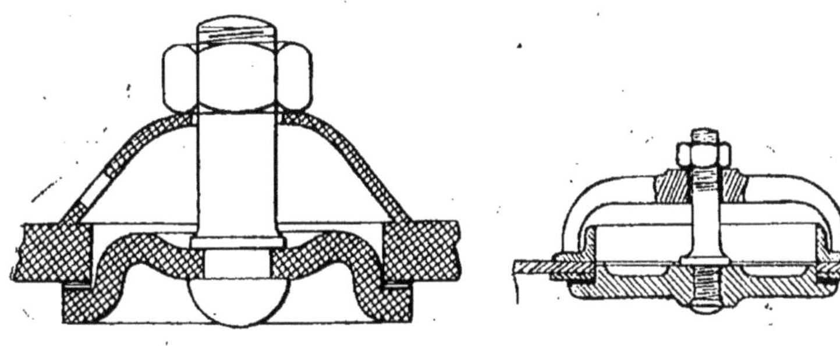

Fig. 102.   Fig. 103.

Les tubes eux aussi sont en acier extra-doux étirés et sans soudures. Ils sont mandrinés dans les plaques de tête. Quelques-uns d'entre eux sont vissés.

Ces derniers sont plus épais que les autres, et servent à consolider les plaques de tête au lieu des tirants qui dans ces parties diminueraient la surface de chauffe. Ces tubes pour cela portent le nom de tubes tirants. Sur la figure ils sont indiqués en noir.

Les chaudières sont généralement garnies de matelas en silicate coton de quelques centimètres d'épaisseur maintenus en place par un quadrillage de lattes en tôle.

Nous donnons ci-dessous les détails divers concernant une chaudière cylindrique à retour de flammes pour grand navire construite par Indret.

Données et résultats des calculs (Chaudières).

Diamètre des chaudières.	4 m. 360
Gression de régime	9 kg. 500
Longueur totale.	3 m. 200
Diamètre moyen	4 m. 300
Diamètre intérieur des foyers	1 m. 100
Longueur totale des foyers.	2 m. 395
Nombre de tubes. { Ordinaires par corps	560
{ Tirants.	96
Epaisseur des tôles. { Enveloppe cylindrique.	30 mm.
Façade bas	18 mm.
Façade haut.	20 mm.
Plaques à tubes.	21 mm.
Foyers	14 mm.
Fond de boîtes à feu.	18 mm.
Contour des boîtes à feu	17 mm.
Diamètre des tirants.	55 à 36
Surface de grilles.	6 m² 85
Surface de chauffe directe.	31 m² 66
Surface de chauffe totale	272 m² 53
Surface d'évaporation	11 m² 20
Volume d'eau.	17.000 litres.
Volume de vapeur.	8.770 litres.
Poids d'un corps avec accessoires	40.000 kg.
Poids total avec eau.	57.000 kg.
Puissance en chevaux par m² de grille.	148

Chaudières cylindriques munies du réchauffage Howden (fig. 104, 105, 106 et 107). — Les chaudières par elles-mêmes n'offrent rien de différent des autres chaudières cylindriques au point de vue de la disposition générale. Seule l'adjonction du réchauffage et du tirage forcé a nécessité certains détails de construction particuliers.

Ainsi modifiée la chaudière est on peut le dire presque universellement répandue dans la marine de commerce.

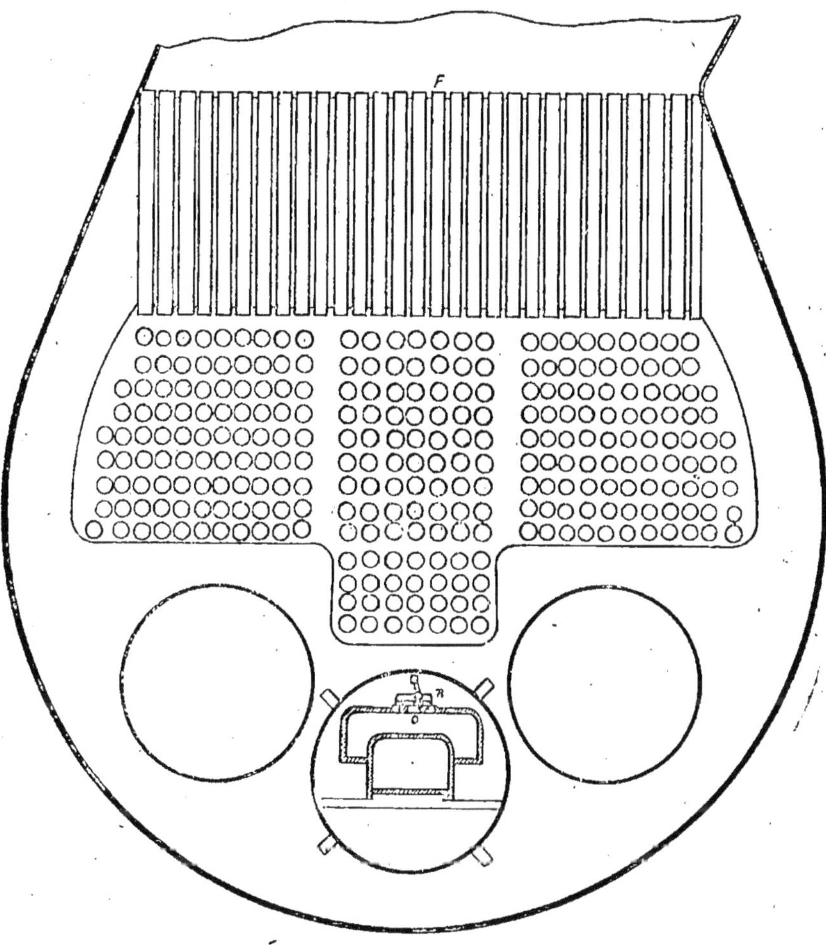

Fig. 104.

Les compagnies de navigation Générale Transatlantique, Havraise Péninsulaire, Chargeurs Réunis, Worms et Cie, etc., etc., en ont muni presque tous leurs bateaux, les chaudières cylindriques ordinaires pouvant aisément se transformer.

Principe du réchauffage. — Le principe du réchauffage Howden consiste à réchauffer l'air destiné à la combustion au détriment de la chaleur emportée par les gaz à travers la cheminée.

En outre cet air est distribué aux générateurs suivant le principe du tirage forcé en cendrier clos.

Le dispositif consiste essentiellement en un faisceau tubu-

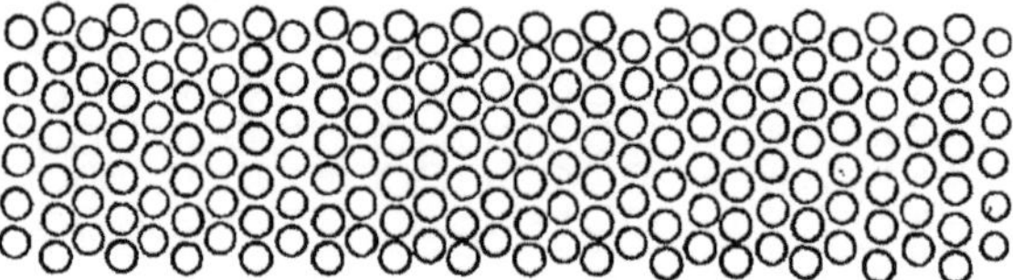

Fig. 105.

laire F installé dans la culotte de la cheminée et de telle sorte que les gaz de la combustion passent à l'intérieur des tubes. L'air est refoulé aux cendriers par un ventilateur dans une sorte de caisse entourant le faisceau précédent de telle sorte qu'il circule autour des tubes.

Parfois même des chicanes prolongent la durée du contact de cet air avec le faisceau tubulaire F.

L'air est fourni à chaque foyer par une boîte appliquée sur la façade de la chaudière. Il y a une boîte par fourneau. Chaque boîte est munie d'un certain nombre d'orifices *o* qui peuvent être ouverts ou fermés à volonté par un registre R. Celui-ci est manœuvrable à la main, mais des dispositifs de sécurité empêchent que le chauffeur puisse ouvrir une porte de foyer sans que le registre soit fermé. On évite ainsi tout accident.

Comme la pression dans la chambre de chauffe est moindre

que dans le foyer et le cendrier, il est nécessaire que les portes de ceux-ci ferment hermétiquement et c'est pourquoi

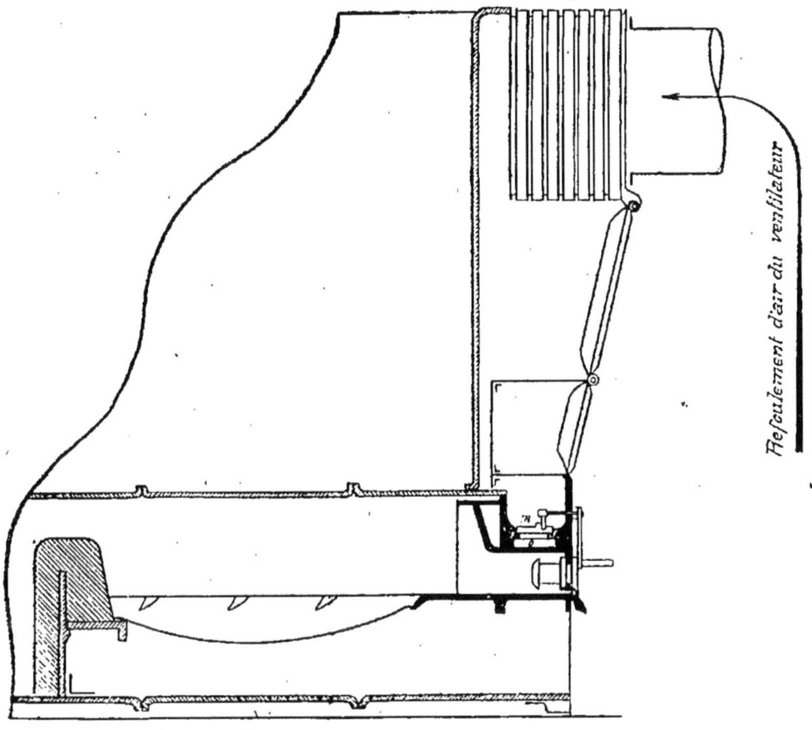

Fig. 106.

il faut fermer les valves d'admission de l'air chaud lorsqu'on charge la grille.

En somme quoique évidemment les chaudières fatiguent davantage qu'à tirage naturel on arrive à obtenir des chaudières à flammes de fumée une utilisation des plus intéressantes et si l'on joint à l'avantage de ce réchauffage les divers avantages que possède cette chaudière pour la marine de commerce, en tant que chaudières cylindrique, on comprendra de quelle valeur est pour les compagnies de naviga-

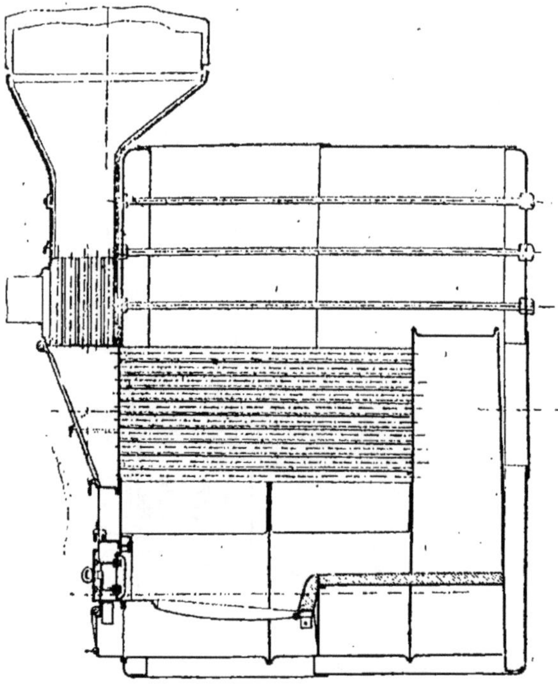

Fig. 107.

tion la chaudière cylindrique à retour de flamme, à réchauffage Howden.

Généralement l'air entre directement dans le cendrier et dans les parties latérales du fourneau. Il pénètre de plus dans le fourneau à travers la contreporte percée de trous.

Ce système permet d'établir une amélioration de tempé-

rature de 150° environ correspondant à une économie de
10 p. 100 à peu près sur la consommation de charbon. Le
plan de grilles doit être un peu plus relevé que dans des
chaudières ordinaires.

D'après M. Howden si l'on modère la pression au-dessus
de la grille et que l'on augmente celle au-dessous, la combustion est plus rapide que si avec la même admission totale la
pression était augmentée au-dessus et diminuée en-dessous.
Dans ce dernier cas les proportions peuvent même être réglées
de manière à empêcher presque la production de tout courant à travers le combustible. L'admission de l'air au-dessus
du combustible en proportion convenable aurait d'ailleurs
pour effet de préserver les éléments du foyer et les barreaux
de grille d'une usure trop rapide en modérant la vitesse de
l'air à travers le combustible, tout en maintenant celui-ci en
parfaite combustion au-dessus de la grille.

Les figures 104 et 105 nous montrent en schéma la vue
de face d'une chaudière avec projection du faisceau tubulaire de réchauffage.

La figure 106 donne la coupe dans le faisceau précédent
et le foyer d'une chaudière très répandue dans les compagnies Worms et Havraise Péninsulaire.

Enfin la figure 107 est une coupe transversale faite dans
une chaudière complète.

CHAPITRE VIII

CHAUDIÈRES AQUATUBULAIRES

Générateur Niclausse. — Le générateur multitubulaire Niclausse appartient à la catégorie des chaudières aquatubulaire dites à gros tubes. Le diamètre du tube généralement employé est de 84 millimètres extérieur. Il existe cependant des applications avec des tubes d'un diamètre inférieur.

Les chaudières de canots ont des éléments en tubes de 44 millimètres ; les chaloupes ont des éléments mixtes en tubes de 50 et 60.

Sur la *Zélée*, le *Fleurus* et le *Téméraire*, on a placé des chaudières avec tubes de 44 ; *l'Agile* a des éléments de tubes de 60.

Enfin le *Davout*, le *Suffren* et le *Marceau* ont des éléments mixtes en tubes de 44 et de 85. A part ces exceptions les chaudières Niclausse appliquées sur les bâtiments des diverses puissances maritimes possèdent des tubes de 84 millimètres. Dans les chaudières Niclausse, on distingue quatre parties principales :

1º Le faisceau tubulaire.

2º Le récepteur d'eau et de vapeur.

3º La tôlerie formant enveloppe du faisceau et du foyer.

5º Les accessoires.

1º *Faisceau tubulaire.* — Le faisceau tubulaire se compose de collecteurs verticaux dans lesquels s'emboîte une série de tubes, concentriques deux à deux.

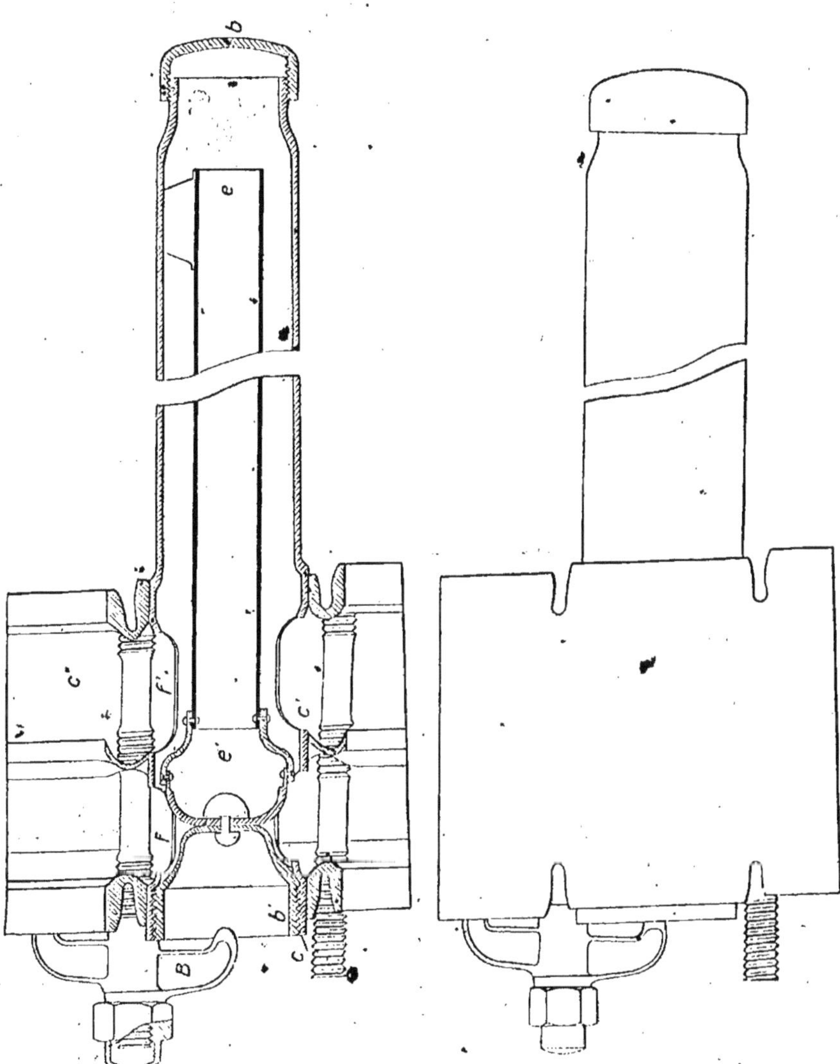

Fig. 108.
Fig. 109.

Le tube extérieur s'appelle *tube vaporisateur* et le tube intérieur s'appelle *tube directeur*. Le tube vaporisateur se termine à la partie arrière par un bouchon démontable b (fig. 108 et 109), vissé sur le tube. La partie avant du tube vaporisateur est terminée par une lanterne comprenant deux cônes C et C' qui font joint sur les parties correspondantes du collecteur. Entre ces deux cônes sont percées deux fenêtres F et F'' qui correspondent aux conduits de descente d'eau et montée de vapeur du collecteur. La partie avant du tube est fermée par un bouchon vissé b'.

Le tube directeur sur lequel la pression s'exerce intérieurement et extérieurement et qui, par conséquent, n'éprouve aucune fatigue est en tôle d'acier extra-doux, en deux parties

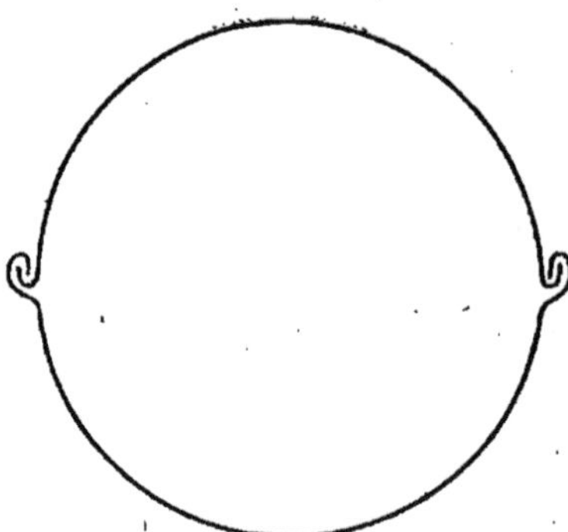

Fig. 110.

agrafées sur toute la longueur (fig. 110). L'extrémité arrière, (fig. 109), est ouverte et débouchée à quelques centimètres de l'extrémité du tube vaporisateur.

L'autre extrémité e', terminée par une calotte évasée, s'arrête au droit de l'espace plein qui sépare les fenêtres F et F'' du tube vaporisateur, espace correspondant à la cloison médiane du collecteur.

La calotte évasée de l'extrémité *e'* du tube intérieur est reliée au bouchon avant *b'* au moyen d'une pièce nommée lanterneau. Il s'ensuit que lorsqu'on dévisse le bouchon avant on sort le tube intérieur. Le *collecteur* est une pièce en acier sans soudure embouti, divisé en 2 compartiments verticaux par une cloison C' parallèle aux façades C et C''.

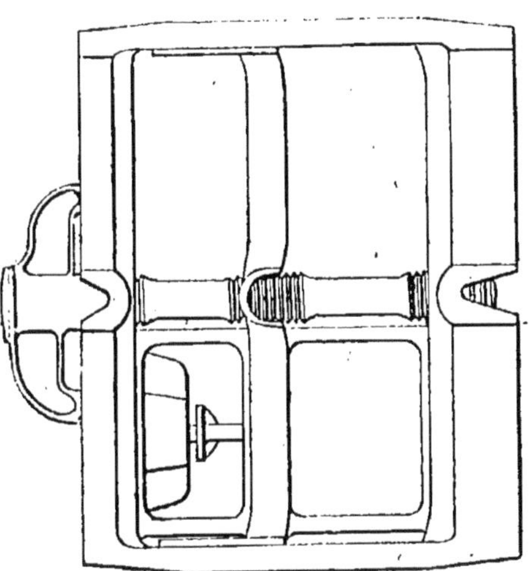

Fig. 111.

Fig. 112.

Le compartiment avant sert de descente d'eau et le compartiment arrière sert de montée de vapeur.

Les faces avant et arrière sont percées de trous coniques dans lesquels viennent se loger les cônes correspondant des tubes vaporisateurs ; la cloison médiane est traversée librement par le tube vaporisateur et correspond à l'espace qui sépare les deux fenêtres du tube.

Les portées coniques du collecteur et du tube, convenablement calculées, assurent au joint une étanchéité parfaite, sans interposition d'aucune matière étrangère, sauf un peu

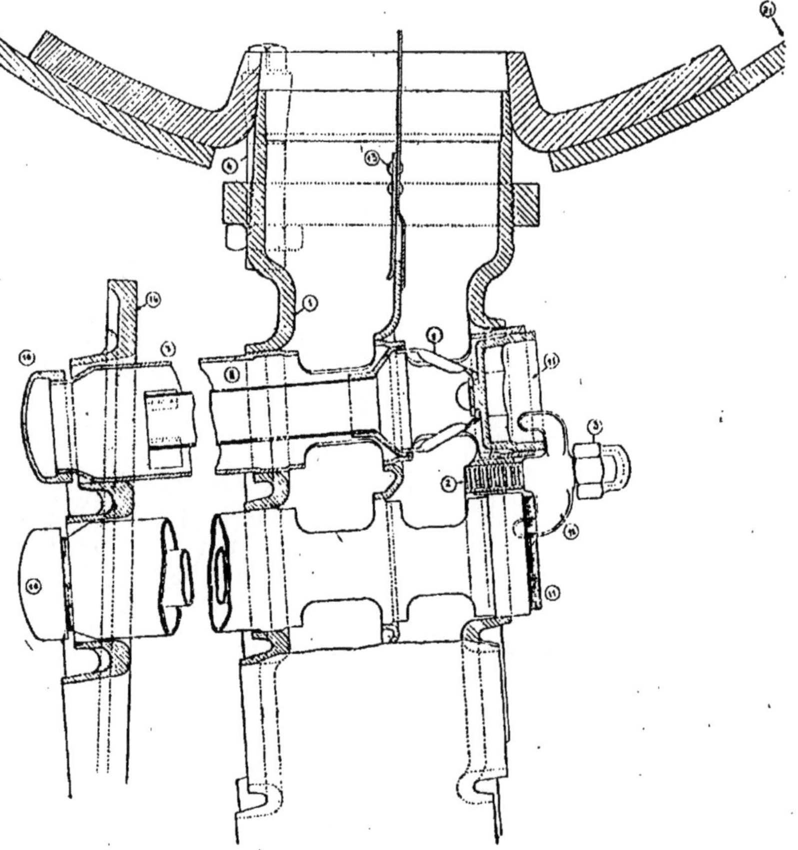

Fig. 113.

LÉGENDE. — 1. Collecteur; 2. Goujon de barrette de sûreté; 3. Ecrou borgne de barrette de sûreté; 4. Boulon conique du haut de collecteurs; 5. Boulon conique des clarinettes, avec écrou: 6. Cale sous collecteur, 7, Tubes vaporisateurs; 8. Tubes directeurs ; 9. Branche de lanterneau et sa calotte ; 10. Bouchon arrière ; 11. Bouchon avant ; 12. Barrette de sûreté ; 13. Tôle séparatrice des courants ; 14. Porte-tubes arrière ; 15. Clarinettes de vidange.

de graisse antioxydante. De plus les cônes avant et arrière
étant sensiblement de même diamètre il s'ensuit que le tube
est équilibré et qu'il ne résulte aucune fatigue pour les
joints.

Néanmoins pour éviter que le tube ne se déboîte par suite
d'une cause anormale, (chocs ou vibrations), on l'appuie
sur les cônes du collecteur au moyen d'une barrette de
sûreté B, (fig. 108, 109, 111 et 112).

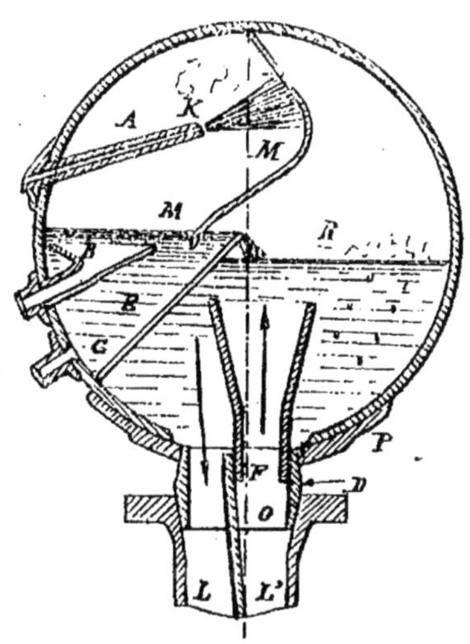

Fig. 114.

La partie supérieure de chaque collecteur vertical est munie
d'une bride vissée, Cette bride relie le collecteur au récepteur de vapeur par l'intermédiaire d'un joint conique
(fig. 113) et au moyen de deux boulons. Le joint conique s'emboîte dans un évidement conique pratiqué dans la
tôle piètement P du récepteur, et assure un joint parfait.
Sur les anciennes chaudières le joint était biconique (*1*, était
alors un mamelon biconique indépendant, désigné sur la
figure 114, par la lettre D).

A la partie inférieure, les collecteurs sont réunis à une clarinette commune de vidange K par l'intermédiaire de raccords et de joints également coniques (fig. 115).

Il est évident que le nombre d'éléments dépend de l'importance de l'installation.

Le nombre de tubes et leur disposition dans la formation de l'élément dépendent aussi de l'importance et des exigences de l'installation.

Fig. 115.

C'est ainsi que le nombre de tubes d'un élément varie avec le type de collecteur.

Il y a des éléments de 16 tubes, de 18, de 20, de 22, 24, 26 tubes.

Les éléments de l'*Ernest-Renan* sont de 27 tubes emboîtés dans des collecteurs en acier, façonnés dans des tubes à section rectangulaire sans soudure.

2° *Récepteur*. — Le récepteur d'eau et de vapeur R (fig. 114) sur lequel les collecteurs viennent se fixer est un réservoir cylindrique en tôle d'acier doux. Il a la même longueur que la façade du générateur. A la partie supérieure, il est muni d'un dôme *d*, au haut duquel se fait la prise de vapeur au moyen d'un tube crépiné *t*, appelé *tube diviseur*. (On peut voir ces derniers détails sur la figure 121.)

A la partie inférieure se trouve rivée une pièce résistante en tôle d'acier embouti *P*, nommée piètement.

La virole est découpée au droit des trous coniques de ce piè-

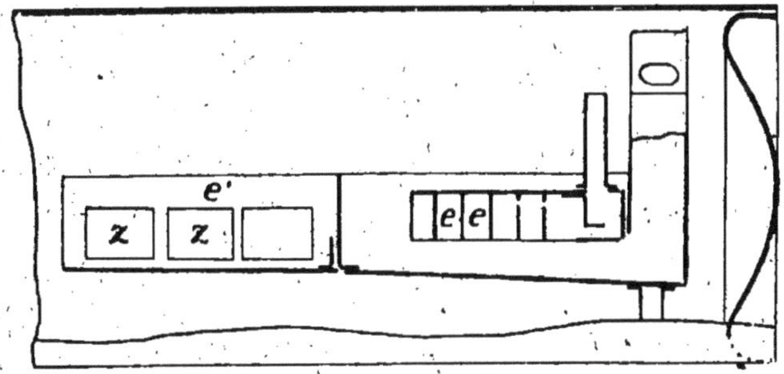

Fig 116.

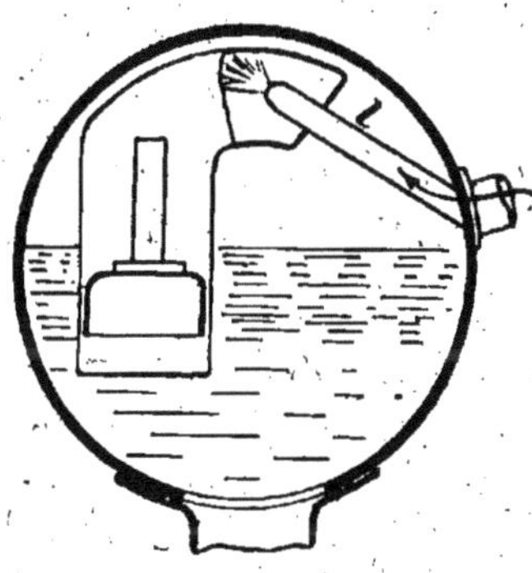

Fig. 117.

tement, dans lequel pénètrent les mamelons *D* qui relient le récepteur au collecteur. Les fonds *f* du récepteur sont généralement inversés, afin que le rivetage de ces fonds avec la virole et le piètement puisse se faire de l'extérieur à la machine, et soit, par suite, d'une exécution parfaite.

La cloison séparatrice des courants dans les collecteurs *c'* (fig. 121) se prolonge à l'intérieur du récepteur par une tôle (*F*), afin que l'eau d'alimentation qui doit descendre dans le compartiment avant des collecteurs ne gêne pas la montée de vapeur du compartiment arrière.

A l'intérieur se trouve le dispositif à dépôts et séparateur d'huiles (fig. 116 et 117).

L'eau d'alimentation pénètre dans le récepteur par l'intermédiaire d'une lance l communiquant avec le clapet de retenue d'alimentation. L'eau est projetée dans l'appareil détartreur où elle se débarrasse de ses dépôts. L'huile se dépose sur les parois de l'auget e et sur les chicanes qui y sont disposées. L'eau dégraissée se déverse dans le récepteur par dessus les bords de l'auget. Le dispositif à dépôts se prolonge par un deuxième auget e' servant à loger les plaques de zinc z dont le but est de supprimer les effets galvaniques.

Sur certains types de ces chaudières, l'alimentation se fait (fig. 114) par une buse A en un jet K venant frapper sur une tôle incurvée M. Les sels sont précipités dans le fond d'une sorte de compartiment formé par la tôle E. En B et C on a ménagé une extraction de surface et une extraction de fond, ce qui fait que l'eau s'écoule en L presque complètement purifiée.

3º *Tôlerie.* — La tôlerie se compose de tôle et de fer profilés formant une enveloppe du faisceau tubulaire et du foyer avec portes de fourneau et de cendrier et portes de nettoyages du faisceau.

La surface de la grille est sensiblement égale à la projection horizontale du faisceau tubulaire sous lequel elle est directement placée. Le fourneau est constitué par des murs en briques réfractaires garnissant les tôleries et montant depuis le plan de grille jusqu'à mi-hauteur du faisceau tubulaire. Les tubes inférieurs du faisceau constituent le ciel du foyer.

Celui-ci est placé à une distance convenable de la grille pour donner à la chambre de combustion un volume suffisant.

Des plaques-porte-tubes correspondant chacune à un collecteur, sont placées contre la façade arrière de la tôlerie pour supporter l'extrémité des tubes vaporisateurs.

Ceux-ci conservent dans leurs porte-tubes la liberté de leur dilatation (fig. 118).

La chauffe méthodique étant toujours adoptée dans la marine on affecte un homme à l'ouverture de foyer pendant la charge.

En conséquence, sur la plupart des générateurs marine les portes de fourneau ne sont pas équilibrées. Cette disposition

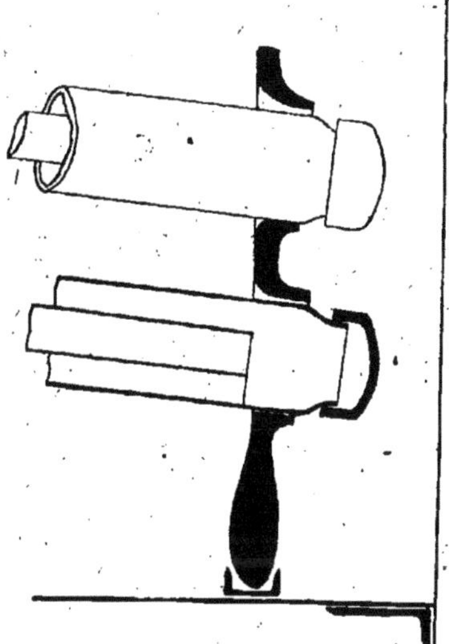

Fig. 118.

assure la fermeture de la porte en cas d'accident.

Les portes de cendrier sont disposées pour se fermer automatiquement dès que la pression à l'intérieur du foyer deviendrait supérieure à celle de la chambre de chauffe.

Obturation. — Dans l'intérieur du faisceau tubulaire, des chicanes sont installées afin de forcer les gaz à suivre un parcours déterminé qui en assure le peignage par les tubes vaporisateurs. Ces chicanes sont constituées par des tubes de serrurerie reposant simplement sur les tubes vaporisateurs, et obturant le passage entre deux tubes vaporisateurs voisins.

La répartition des tubes obturateurs dans un faisceau dépend et varie par conséquent selon les types et selon l'importance du générateur.

4° *Accessoires*. — Les accessoires et la robinetterie pour un générateur sont les suivants :

1 nourrice de prise de vapeur principale, du moins pour les grandes installations, contenant un clapet de retenue de vapeur et sur laquelle se greffent :

2 soupapes de sûreté à ressort.

1 valve de prise de vapeur principale (collecteur n° 1).

1 valve de prise de vapeur auxiliaire (collecteur n° 2).

1 valve de prise de vapeur des pompes (collecteur n° 3).

1 ou 2 bouteilles, suivant le cas, pour robinets de niveau d'eau.

1 manomètre.

1 clapet de retenue avec robinet pour l'alimentation.

1 valve de réglage à main pour l'alimentation.

1 régulateur automatique d'alimentation.

3 robinets de jauge.

1 robinet d'extraction de surface.

1 robinet d'extraction de fond.

1 robinet de vidange.

Circulation de la vapeur. — La circulation est descendante dans le compartiment avant, ascendante dans le compartiment arrière où la vapeur monte en grosses bulles qui viennent crever à la surface du liquide dans le récepteur.

Vaporisation par étages. — Une expérience intéressante a été faite pour rechercher quelle contribution apporte chaque rangée de tubes à la production totale de la chaudière. Ces essais ont été faits à différentes allures de combustion de 25 en 25 kilogrammes.

Les résultats constatés ont permis d'établir les lois suivantes qui peuvent s'appliquer non seulement aux chaudières Niclausse mais encore généralement à tous les générateurs aquatubulaires et multibulaires.

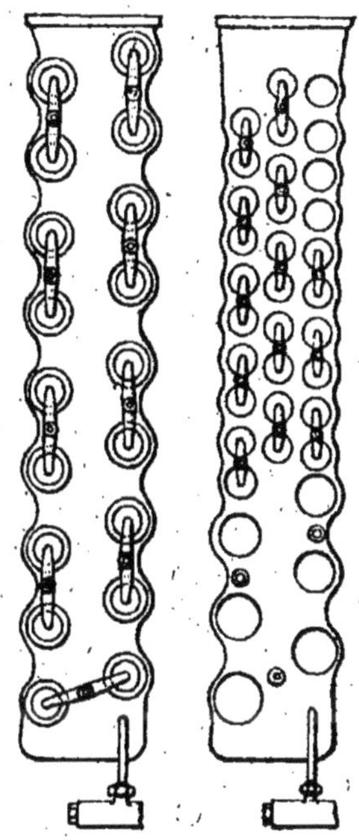

Fig. 119.

Vue de face des cheminées de 2 types différents
de chaudière Niclausse.

1º Pour une chaudière ayant un rapport de surface de chauffe à surface de grille déterminé, quelle que soit l'allure de combustion, la vaporisation de chacun des étages garde sensiblement le même pour cent que la vaporisation totale.

2º La vaporisation pour cent de chacun des 12 étages de la

chaudière expérimentée sont : 22,3 ; 14,8; 10,84; 8,57; 7,43; 6,74; 6,14 ; 5,59 ; 5,01; 4,56 ; 4,15; 3,78.

3° Les trois rangées inférieures qui reçoivent directement

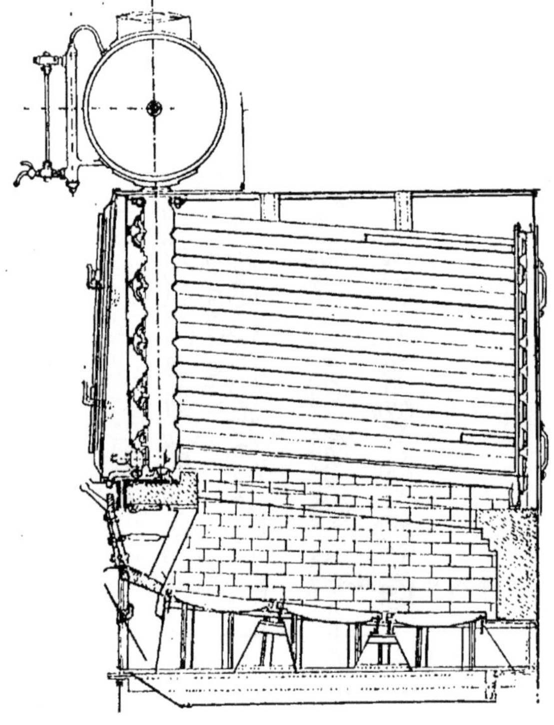

Fig. 120.

le rayonnement du foyer et qui représentent 7 fois et demi la surface de grille fournissent sensiblement 50 p. 100 de la production totale.

4° Sauf dans des cas très exceptionnels. il n'y a pas intérêt à rechercher les rapports de surface de chauffe à surface de grille supérieurs à 40.

Les vues d'ensemble des figures 123, 124 et 125, donnent avec la légende des indications claires sur l'installation générale dés appareils générateurs.

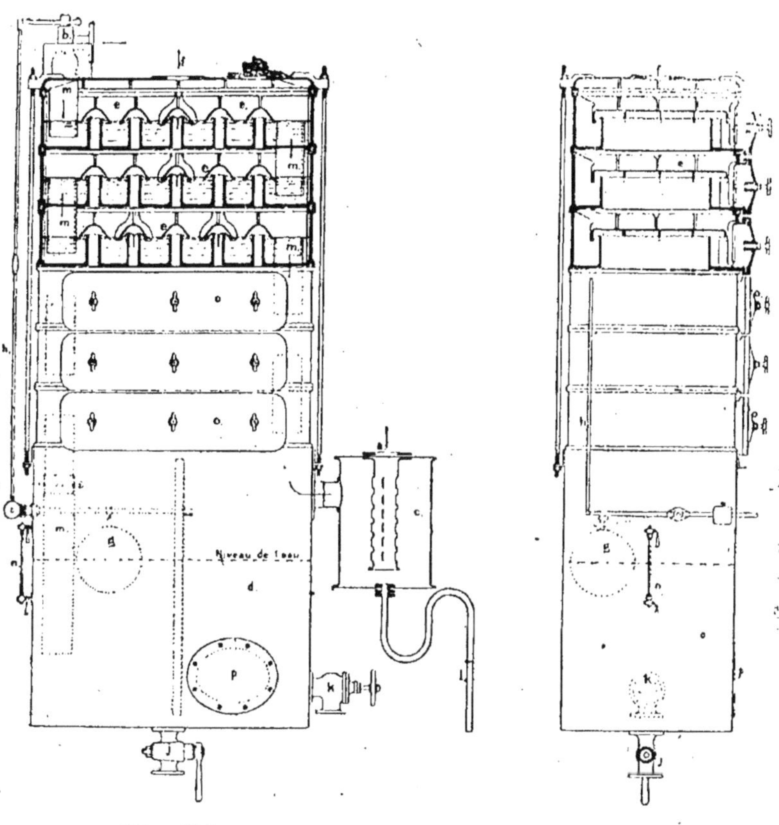

Fig. 121.   Fig. 122.

Les figures 119 et 120 se rapportent à un type de chaudière très employé dans la marine. En 119 on voit la partie avant de 2 collecteurs. Le premier appartient aux chaudières du *Friant* ; le second à celles du *Suffren*.

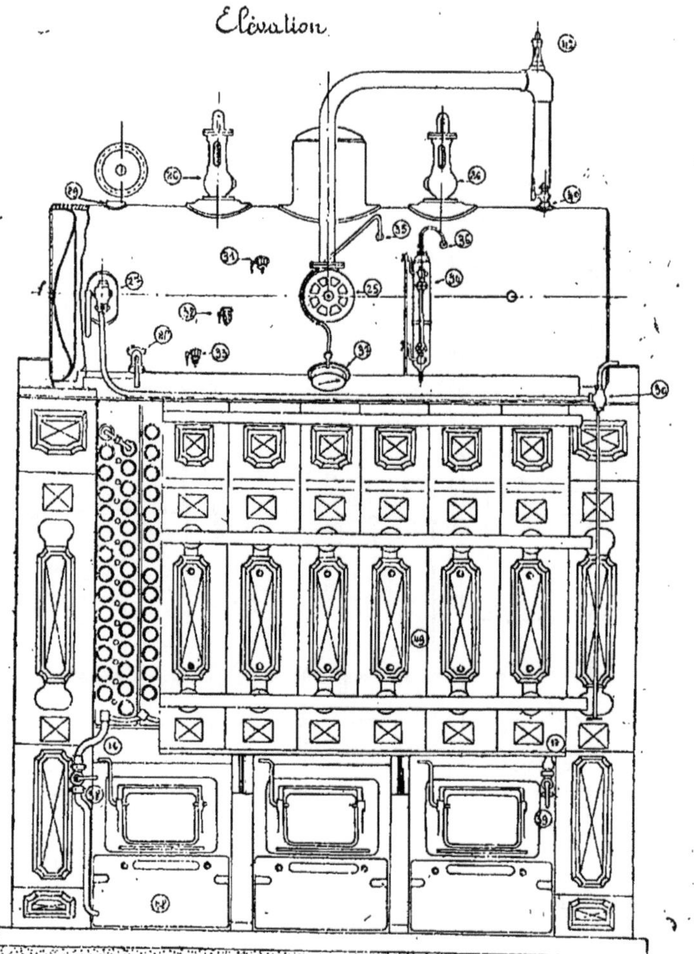

Fig. 123.

Vue en plan
Sortie de vapeur du surchauffeur
Entrée de vapeur au surchauffeur

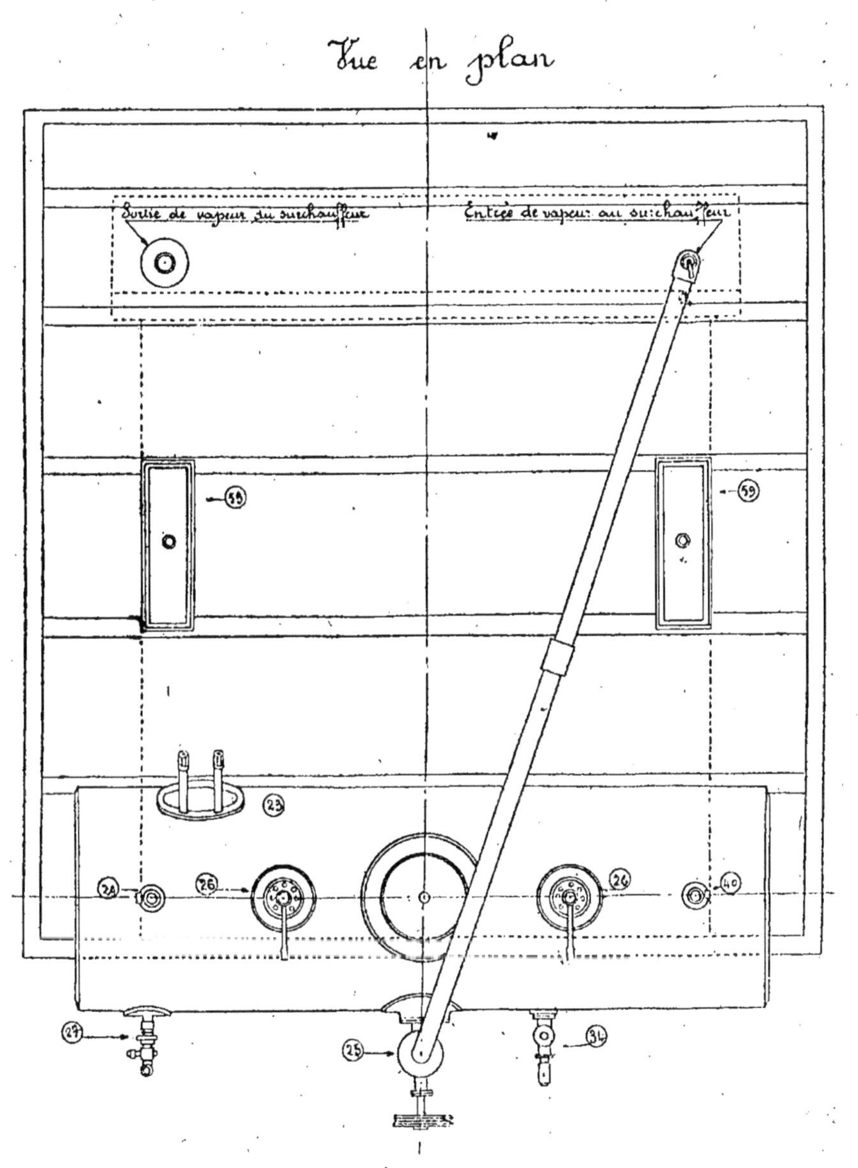

Fig. 124.

Le type de chaudières des vues 123, 124 et 125 est employé dans les ports et les arsenaux.

Réchauffeur détartreur d'eau d'alimentation Niclausse (fig. 121 et 122). — Cet appareil est combiné pour obtenir le réchauffage et le détartrage de l'eau d'alimentation généralement perdue; il procure donc une économie de combustible.

On peut employer également pour son fonctionnement de la vapeur vive et obtenir encore une réelle économie :

1º Parce qu'on envoie de l'eau épurée aux chaudières ;

2º Parce qu'il a été constaté que le rendement de la chaudière est meilleur quand l'eau d'alimentation est introduite à une température élevée.

Description. — Le réchauffeur détartreur Niclausse se compose d'un certain nombre de compartiments en fonte superposés ou étagés, réunis entre eux au moyen de tirants extérieurs. Chacun de ces étages est percé de trois munis de tubulures pour le passage de l'eau d'alimentation et de la vapeur destinée à réchauffer et à détartrer cette eau. Chaque compartiment est en outre muni d'une porte tampon permettant le nettoyage; cette porte est maintenue à l'aide d'étriers et de boulons.

L'étage supérieur est muni d'un couvercle portant une tubulure pour l'échappement de la vapeur non utilisée, un tampon de sûreté et un robinet d'arrivée d'eau à détartrer. Au-dessous du plateau inférieur est fixée une bâche en tôle destinée à recueillir l'eau détartrée; cette bâche est munie d'une tubulure d'arrivée de vapeur, d'un tube de niveau, d'un robinet de prise d'eau chaude, d'un flotteur commandant l'arrivée de l'eau froide, d'une porte tampon de nettoyage et d'un robinet de vidange placé à la partie inférieure. Un séparateur d'huile, muni d'un niveau de purge continue des huiles

8

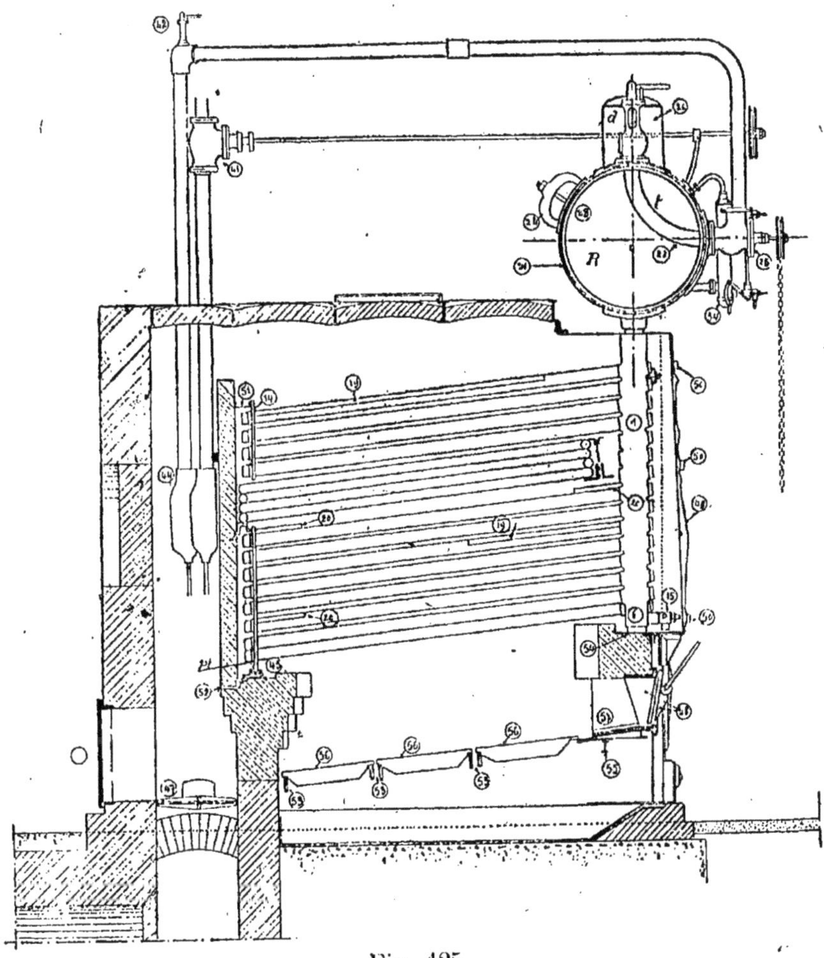

Fig. 125.

LÉGENDE. — 1. Collecteurs; 6. Cales sous collecteurs; 15. Clarinettes de vidange
à 1 et 2 trous; 17. Porte-tubes arrière; 19. Tubes obturateurs longs, 20. Tubes
obturateurs courts; 21. Récepteur de vapeur; 22. Tuyau de départ de la vapeur;
23. Tampon d'autoclave; 24. Barrette de tampon d'autoclave; 25. Valve de prise
de vapeur principale; 25. Soupape de sûreté; 34. Tube indicateur de niveau;
41. Valve de sortie du surchauffeur; 42. Soupape de sûreté du surchauffeur'

et eaux de condensation, est fixé à la tubulure d'arrivée de vapeur sur la bâche.

Fonctionnement. — L'appareil fonctionne de la manière suivante :

L'eau d'alimentation arrive par le robinet b commandé par le flotteur g au moyen de la tringle h. Elle descend successivement dans chaque étage en circulant autour des tubulures de passage de la vapeur. Ces tubulures sont allongées en forme de chicanes pour forcer l'eau arrivant par un angle du compartiment à circuler en zigzags autour des tubulures avant de s'écouler par l'angle opposé. Le niveau de l'eau dans chacun des étages est maintenu constant au moyen d'une tubulure de décharge m qui vient presque en contact avec l'étage inférieur, afin d'éviter que la chute d'eau vienne agiter les dépôts contenus dans cet étage. En sortant du dernier étage, l'eau est recueillie dans la bâche d.

La vapeur suit naturellement une marche inverse. Après avoir passé dans le séparateur d'huile c, elle se rend dans l'eau détartrée et successivement dans chacun des étages, qu'elle traverse en passant par des tubulures spéciales. Au-dessus de chacune de ces tubulures sont placés des écrans en chicanes e destinés à forcer la vapeur à traverser l'eau qu'il s'agit de réchauffer et de détartrer ; ils mettent ainsi en contact intime la vapeur et l'eau.

Avantages. — Ce réchauffeur-détartreur fait réaliser une triple économie :

1° Une économie de main-d'œuvre, en ce qu'il permet de

44. Collecteurs de surchauffeur; 45. Plaque d'autel; 46. Porte de visite; 47. Registre à papillon; 49. Portes de nettoyage avant; 50. Barres de sûreté des portes de nettoyage; 51. Tôle de retenue des porte-tubes; 52. Armature de la murette arrière; 53. Fer plat sommier de grille; 54. Tôles support d'éléments; 55. Fer I. support de tablette d'avant-foyer; 53. Barreaux de grille; 57. Tablette de devanture de foyer.

faire fonctionner les chaudières pendant plus longtemps sans les nettoyer ;

2° Une économie sur la dépense d'amortissement de la chaudière, puisque celle-ci a une durée beaucoup plus longue, les chances de détérioration des diverses pièces étant sensiblement diminuées ;

3° Une économie de combustible, en ce qu'il réchauffe l'eau d'alimentation qui se trouve ainsi introduite dans la chaudière à une température voisine de 100°.

Les grandes facilités de nettoyage qu'il présente sont très remarquables. Chaque étage est en effet muni d'une porte tampon qui a été construite aussi grande que possible pour en permettre aisément la visite.

La vapeur d'échappement des pompes ou bien celle circulant dans les enveloppes des cylindres est toute désignée pour être utilisée dans cet appareil.

Les matières grasses en suspension dans la vapeur d'échappement sont arrêtées dans le séparateur d'huile, par conséquent avant leur introduction dans l'appareil.

Régulateur automatique Niclausse (fig. 126, 127, 128 et 129). — Le régulateur automatique d'alimentation se compose d'une soupape équilibrée C qui reçoit d'un flotteur B les mouvements de fermeture et d'ouverture des passages de l'eau.

Le flotteur se meut verticalement dans le récepteur d'eau et de vapeur ; il transmet ce mouvement par le levier G à une tige horizontale H.

Cette tige en tournant sur elle-même transmet son mouvement par l'intermédiaire du curseur décrit ci-dessous à une tige H' placée dans son prolongement. Cette dernière commande la fermeture ou l'ouverture d'une soupape double équilibrée C par le petit levier J fixé sur elle.

Fonctionnement. — L'eau refoulée par les pompes alimen-

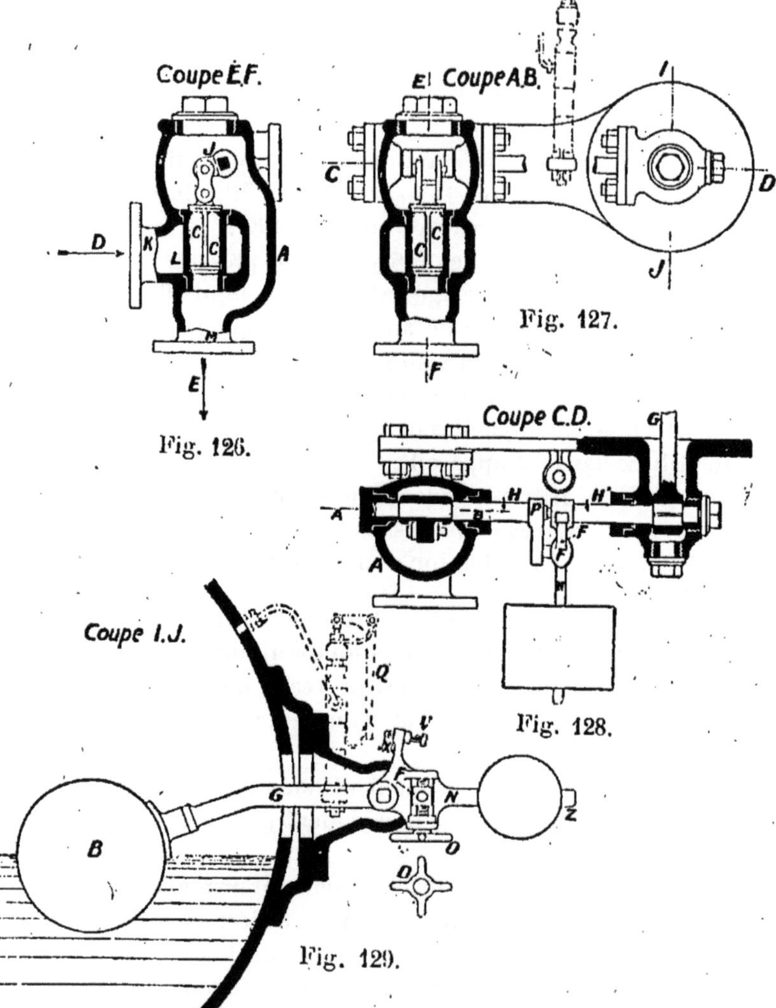

Fig. 126.

Fig. 127.

Fig. 128.

Fig. 129.

RÉGULATEUR AUTOMATIQUE NICLAUSE

taires arrive par la tubulure K dans la chambre L, passe par les orifices découverts par la soupape double et se rend au clapet de retenue du générateur en sortant par la tubulure M.

En marche normale le niveau de l'eau doit se maintenir à une hauteur constante dans le générateur.

Curseur. — Le montage de l'appareil doit être fait avec le plus grand soin ; tous les organes mobiles doivent pouvoir être manœuvrés sans effort. Le flotteur sera monté de manière à se mouvoir bien perpendiculairement à l'axe des tiges de commande H et H". Ces dernières seront montées avec du jeu dans leurs extrémités afin de ne pas gêner les mouvements de la soupape équilibrée. Les presse-étoupe seront serrés le moins possible. Le réglage définitif ne peut se faire d'une manière efficace que quand le générateur est en marche normale ; dans ce cas on opère de la façon suivante :

Sur la tige H se trouve fixé un levier N portant un cadre à glissière dans lequel se meut un curseur F commandé à la main par une vis à croisillon o. En tournant ce croisillon de gauche à droite le curseur F descend en entraînant l'extrémité d'une biellette P fixée à la tige H. Ce déplacement ferme la soupape équilibrée C et l'ouvre en manœuvrant le croisillon o en sens contraire. Un contrepoids fixé à l'extrémité du levier N équilibre les divers organes. Ce contrepoids ne doit jamais être déplacé.

CHAUDIÈRE BELLEVILLE

Cette chaudière est formée d'un certain nombre de serpentins communiquant tous ensemble par le bas et par le haut au moyen de collecteurs.

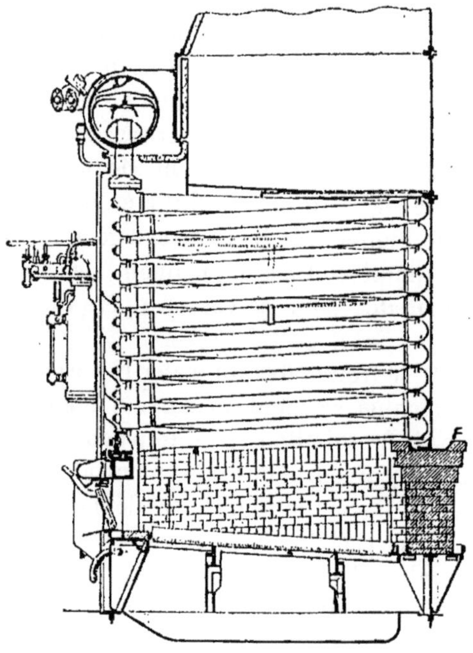

Fig. 130.

Le collecteur inférieur porte le nom de collecteur alimentaire et celui du haut de collecteur épurateur de vapeur et d'eau d'alimentation.

La figure 130 donne la vue d'ensemble par une coupe transversale dans la chaudière. Dans certains cas la chaudière est

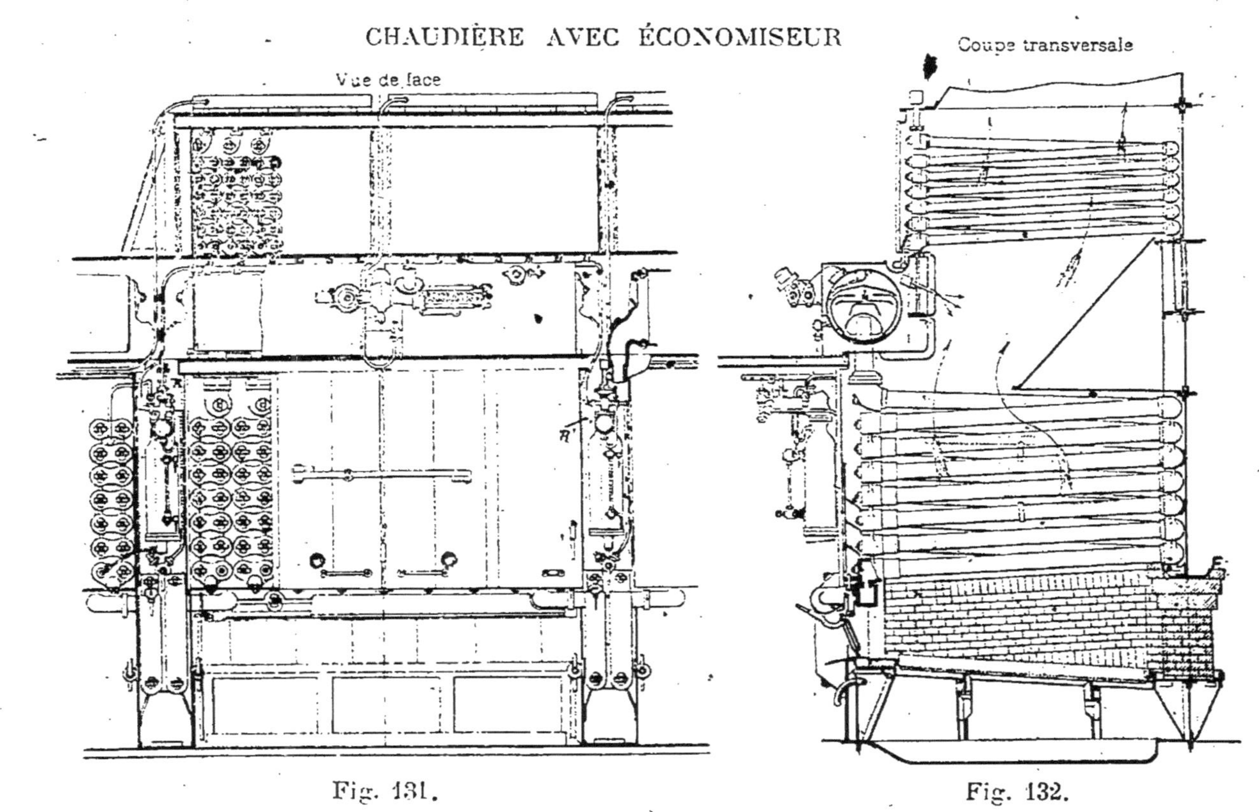

Fig. 131.

Fig. 132.

munie d'un certain nombre d'autres serpentins destinés à réchauffer l'eau d'alimentation. Ce réchauffeur porte le nom d'économiseur (fig. 131 et 132).

La chaudière elle-même dans ce cas est d'ailleurs identique à ce qu'elle est sans économiseur.

Collecteur alimentaire. — Ce collecteur est en fonte et à section carrée comme on le voit en K (fig. 133). Il s'étend

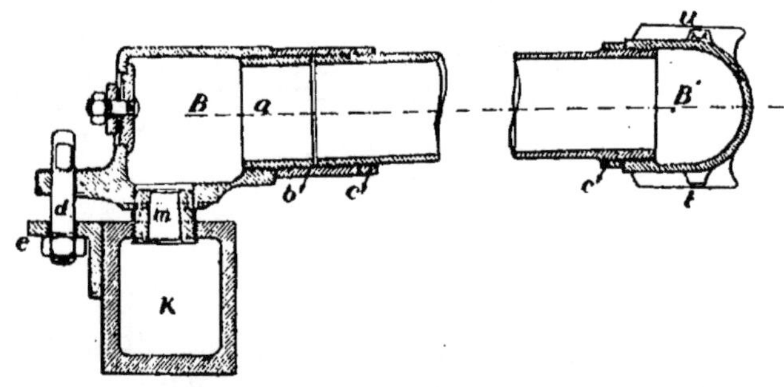

Fig. 133.

sur toute la largeur de la chaudière et porte des orifices destinés à recevoir les serpentins. La jonction de ceux-ci se fait par l'intermédiaire d'une tubulure *m* vissée dans le collecteur K. Cette tubulure est terminée par une partie conique mâle. La partie inférieure du serpentin vient s'emboîter sur cette partie par un cône femelle, et la jonction s'établit par l'interposition d'une rondelle conique en maillechort, le serrage se faisant d'une part par le poids de l'élément et d'autre part par l'action du boulon à ancre *d*.

Collecteur épurateur (fig. 134 et 135). — Cet appareil se compose d'un cylindre en communication avec les différents serpentins qui viennent se jonctionner en Z au moyen d'une bride carrée avec une buse *b* vissée dans le collecteur (fig. 136).

Ce dernier est cylindrique et en tôle d'acier envirolée et rivée à clin. Dans la partie inférieure où se vissent les buses une seconde tôle a été rapportée.

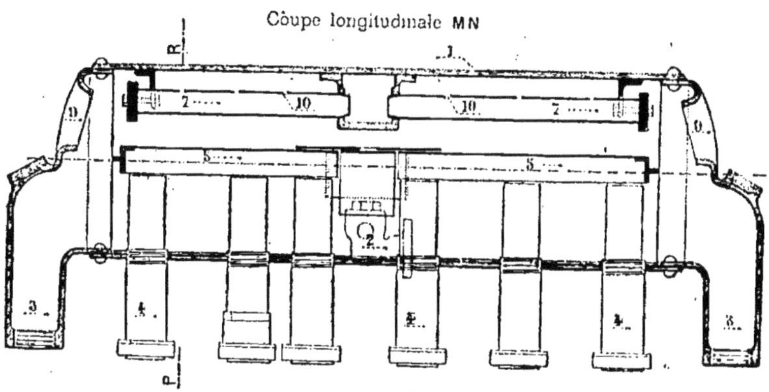

Fig. 134.

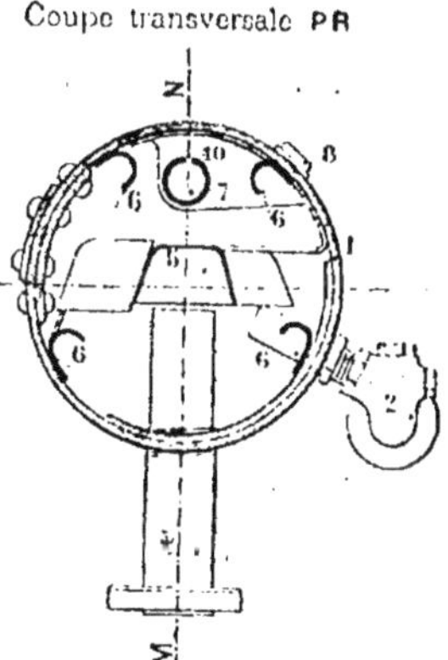

Fig. 135.

Ce collecteur a pour but de recevoir l'eau d'alimentation qui arrive en pleine vapeur et qui se sépare des différents sels qu'elle contient. On

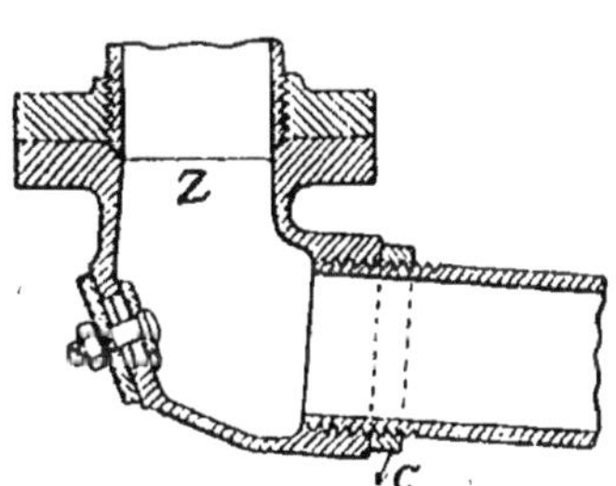

Fig. 136.

sait qu'en particulier le sulfate de chaux se précipite vers 140°.

La vapeur arrive par les buses et elle est obligée avant

de pouvoir sortir, de venir heurter de nombreuses chicanes 1-2-3, etc., ce qui fait qu'elle se débarrasse d'une grande partie de l'eau qu'elle entraîne en raison de la circulation intense qui s'effectue dans cet appareil.

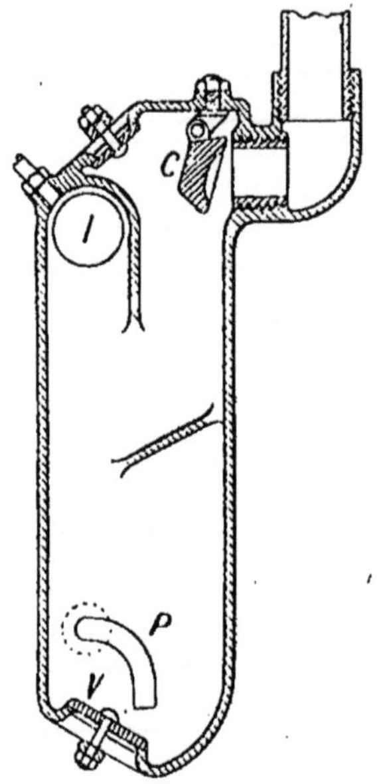

Fig. 137.

Colonnes de retour. Déjecteurs. — Les deux collecteurs précédents sont en communication de chaque côté de la chaudière par des collecteurs verticaux nommés colonnes de retour, par où s'écoule du haut vers le bas l'eau destinée à l'alimentation. Chacune de ces colonnes est terminée par une colonne plus petite nommée déjecteur (fig. 137) où s'accumulent les sels précipités. Un clapet C empêche l'eau qui s'écoule par 1 vers le collecteur alimentaire de remonter en cas de roulis dans la colonne. Le déjecteur est muni d'une purge P et d'une porte de visite V.

Serpentins. — Chaque serpentin est formé d'un certain nombre de tubes droits réunis un à un par des boîtes de raccord BB' (fig. 133).

Les tubes sont vissés directement dans chaque boîte correspondante. L'étanchéité est assurée au moyen de rondelles d'acier telle que C vissées sur le tube et venant appuyer contre la boîte avec interposition de mastic au minium.

Pour la boîte inférieure le tube est en deux parties ce qui facilite les montages et démontages. Une partie de faible

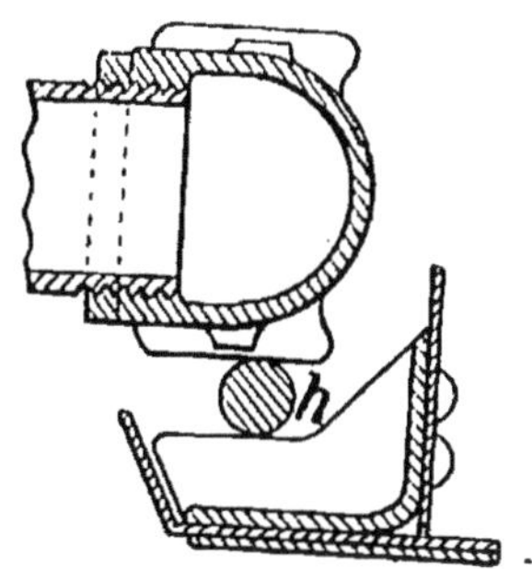

Fig. 138.

longueur *a* nommée bout d'attente se visse dans la boîte, et un manchon *b* raccorde cette partie avec le tube. La bague appuie alors sur le manchon.

Dans le même but de faciliter le montage le dernier tube est fileté à gauche par l'extrémité qui se visse dans la dernière boîte de raccord Z.

Chaque boîte de raccord de la façade de la chaudière est percée d'un trou elliptique fermé par une porte autoclave. Ce trou permet le nettoyage des tubes et l'introduction dans ceux-ci des lames de zinc destinées à les préserver des effets galvaniques.

Un certain nombre de boîtes de raccords (3e et 7e souvent) sont munies de bouchons fusibles.

Les boîtes de raccord de l'arrière portent à la partie inférieure un tenon t et à la partie supérieure un auget u. Le tenon de l'une s'emboîte dans l'auget de l'autre. A la partie inférieure chaque faisceau repose sur un cylindre h qui facilite la dilatation (fig. 138).

Les figures 139 et 140 donnent la vue d'ensemble d'un serpentin.

Disposition générale de la chaudière. — L'ensemble des divers serpentins porte le nom de faisceau tubulaire. C'est une grande caisse prismatique à doubles parois. Entre ces deux parois on a bourré des matières calorifuges et leur distance est maintenue au moyen d'entretoises à douille. A l'intérieur de l'enveloppe et sous les tubes on a fait des murailles en briques réfractaires. Une pièce en fer F (fig. 132) reposant sur un mur latéral en briques soutient les divers serpentins.

Sur le dessous de la chaudière l'enveloppe porte deux grandes portes pouvant fermer au moyen d'un verrou à excentrique et qui permettent le ramonage des tubes.

A la partie inférieure se trouvent les portes des fourneaux et des cendriers, pouvant s'ouvrir de dehors en dedans en oscillant autour d'un axe horizontal. Un secteur denté en règle d'ailleurs l'ouverture à volonté.

Les cendriers sont des cuvettes en tôle fixés au moyen de boulons ce qui permet de les enlever lorsqu'ils sont rougis. Il y a autant de cuvettes que de fourneaux.

Economiseur. — C'est en quelque sorte une seconde chaudière placée au-dessus de la première ; seulement l'eau d'alimentation arrive directement au collecteur alimentaire de cette chaudière, se réchauffe au contact des gaz perdus et arrive au collecteur supérieur d'où elle est introduite immédiatement dans le collecteur épurateur de la chaudière proprement dite.

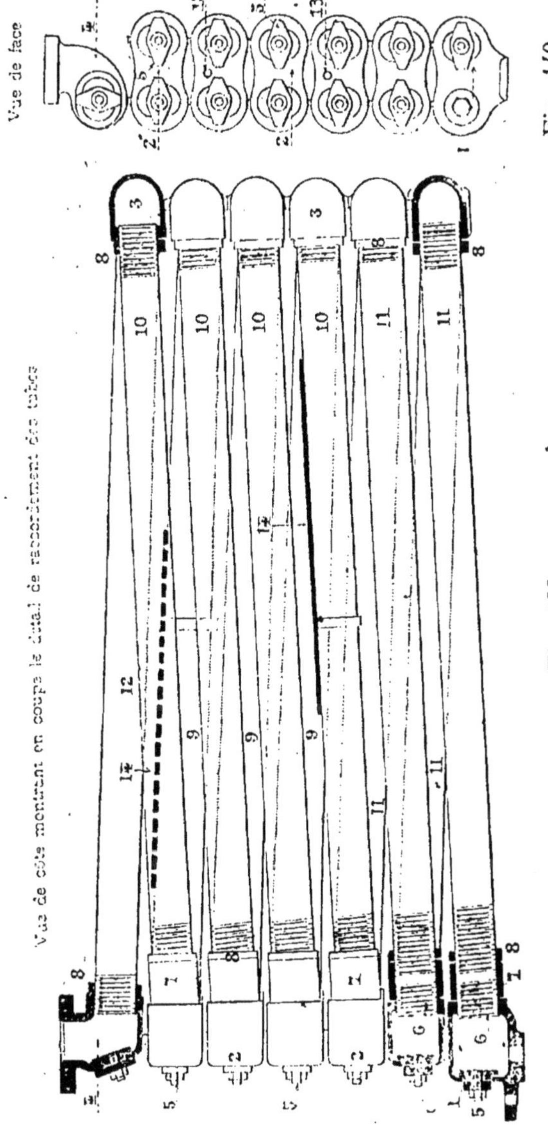
VUE D'ENSEMBLE D'UN SERPENTIN
Vue de face
Fig. 140.
Vue de côté montrant en coupe le détail de raccordement des tubes
Fig. 139.

Placé sur le refoulement des pompes alimentaires et avant la chaudière cet économiseur est donc constamment plein d'eau.

La température de celle-ci peut atteindre 95° avant son introduction dans le collecteur épurateur. On conçoit donc l'importance de cet organe.

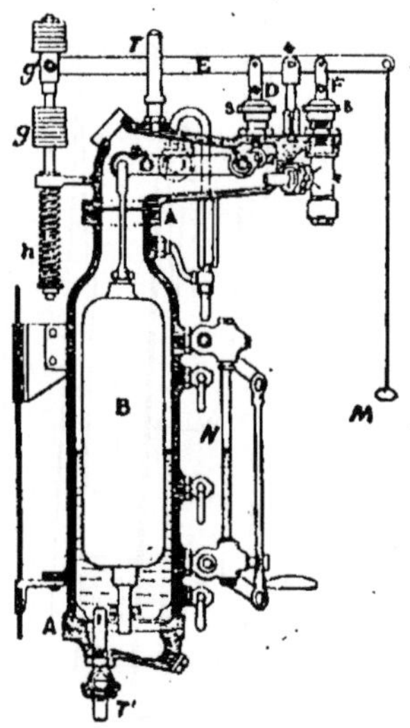

Fig. 141.

Régulateurs alimentaires. — La chaudière Belleville possède deux régulateurs alimentaires : l'un dit régulateur automatique devant être utilisé en service normal ; l'autre dit robinet gradué utilisé en cas d'avarie du premier.

Régulateur automatique (fig. 141). — Se compose d'une caisse en fonte A en trois parties. Cette caisse qui est étanche est en communication avec le haut et le bas de la chaudière (boîte de raccord) par les tuyaux T et T'.

A l'intérieur de cette boîte se trouve un flotteur B en tôle; accroché au grand bras O d'un levier oscillant autour d'un point fixe 1.

Le petit-bras porte un galet 2 qui appuie sur la partie inférieure d'un poinçon D solidaire d'un grand levier E, oscillant lui autour d'un point fixe 4.

Sur ce levier se trouve articulé en F la tige d'un clapet C

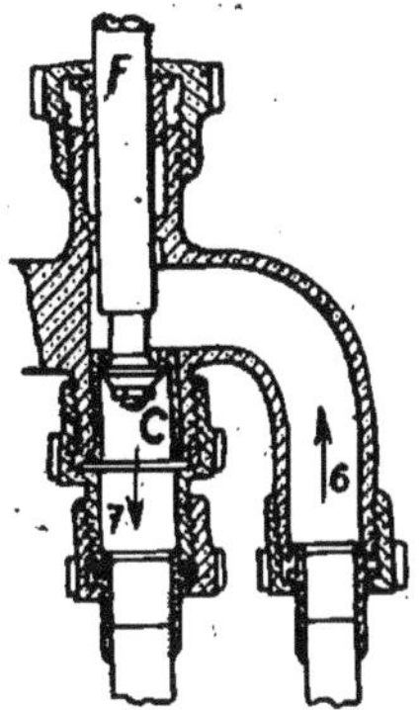

Fig. 142.

(fig. 141 et 142) pouvant ouvrir ou fermer l'arrivée d'eau d'alimentation qui se fait dans le sens des flèches 6-7.

Le clapet est biconique et démontable ce qui permet de le changer rapidement de côté quand l'un des portages est grippé.

Le poinçon D et la tige F ont un passage étanche dans la boîte A grâce aux presse-étoupes 3 et 5. A l'une de ses extrémités le levier E porte des contrepoids fixes g et des contrepoids mobiles g' et est soumis à l'action du ressort h, à l'autre extrémité une tringle de manœuvre M permettant de faire fonctionner l'appareil en cas de gommage du clapet sur son siège.

La boîte du régulateur porte un tube de niveau N qui

indique ainsi le niveau dans la chaudière. On voit qu'en
enlevant des rondelles ou en desserrant *h* le clapet tendra à
ouvrir lui-même l'arrivée d'eau.

Fonctionnement. — Supposons l'appareil bien réglé. Le
niveau baisse dans la chaudière ; le flotteur s'enfonce,
fait baisser le bras O monter
le bras 2, monter le bras gauche de E, descendre le bras
droit ; par suite le clapet C
ouvre l'arrivée d'eau d'alimentation.

Le phénomène inverse se
produit si le niveau monte
trop.

Robinet gradué. — Quand
le dernier appareil ne fonctionne pas, on enlève le clapet *c*
et on utilise le robinet gradué,
car l'eau n'a qu'un seul parcours sur lequel se trouvent
placés les 2 régulateurs.

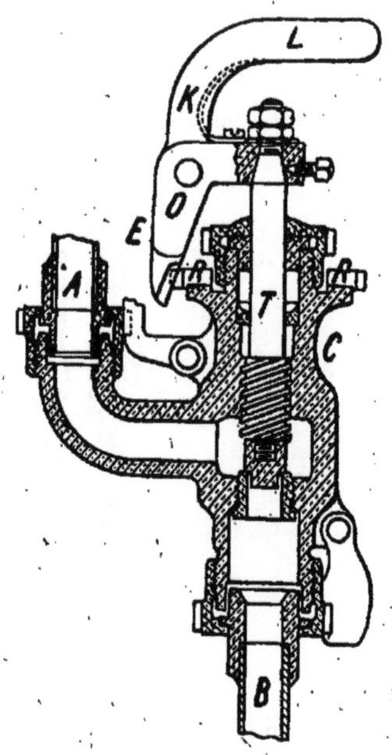

Fig. 143.

Le robinet gradué (fig. 143)
se compose d'une tige T filetée dans un boisseau C et
manœuvrée par une poignée. Sur l'extrémité de cette
tige est vissé un clapet D à portage plan très mince
(fig. 144). Le siège comme tout l'appareil est en bronze ;
ce siège est d'ailleurs rapporté dans le boisseau où il
est vissé.

La poignée oscille autour d'un axe *o* et est terminée par
une lame E pouvant se fixer dans des encoches R portées par

le boisseau. La rapidité de manœuvre de cette tige est obtenue grâce à un ressort K.

L'eau arrive par la tubulure A et s'écoule par la tubulure B. La position de la poignée r règle le débit de l'eau.

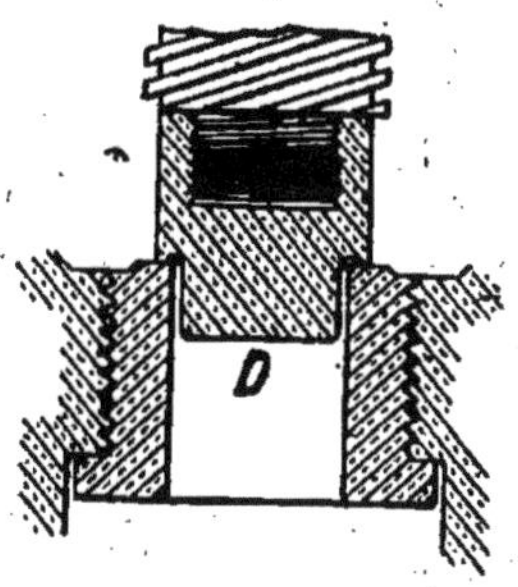

Fig. 144.

Détendeur. — Entre la chaudière et la machine se trouve un détendeur de façon que quelles que soient les variations de pression de chaudières au-dessus de la pression limite des machines, celle-ci ne puisse pas varier.

Le détendeur Belleville se compose d'une carcasse en acier AC portant 2 tubulures une d'entrée M, une de sortie N de la vapeur (fig. 145 et 146).

Une glace cylindrique B portant des fenêtres se trouve fixée entre M et N.

A l'intérieur de ce cylindre peut coulisser un autre cylindre C attaché à la partie inférieure d'un piston D mobile dans un presse-étoupe D'. D est attaché à une extrémité d'un levier E articulé par son autre extrémité en un point fixe E'.

Entre ses 2 extrémités des ressorts H' pouvant être tendus au moyen du volant et de la tige F tendent à faire baisser le piston D.

D'autre part la vapeur agissant à l'intérieur de la cloche C, et grâce aux trous 1 à l'extérieur de cette même cloche, n'a pour cela aucun effet sur elle ; elle agit donc uniquement sur la partie inférieure du piston D et par suite contrebalance l'action des ressorts.

A remarquer que la vapeur est d'autant plus laminée que la cloche est plus remontée.

Une soupape de sûreté S est placée sur la tubulure de sortie.

Fonctionnement. — On règle par tâtonnement la tension des ressorts H de façon à avoir à la machine la pression voulue.

Ceci fait supposons que la pression de la chaudière augmente. La pression sur le piston augmente, le fait remonter et obturer, par

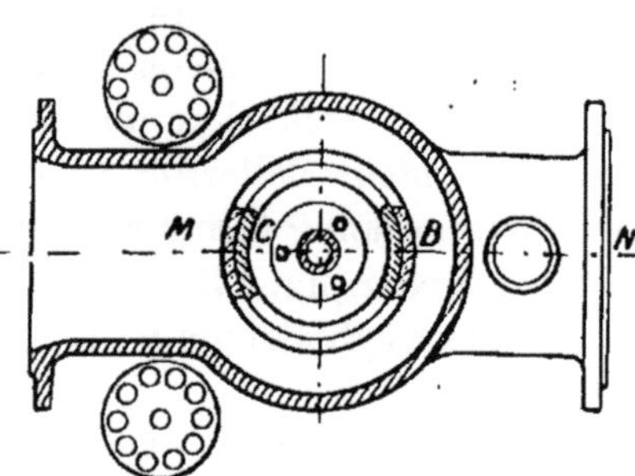

Fig. 145.   Fig. 146.

suite, davantage l'arrivée de vapeur en B. Donc, la pression à l'intérieur de la cloche baisse, et inversement.

Épurateur et Purgeur automatique (fig. 147, 148, 149 et 150). — Dans beaucoup d'installations on est obligé de disposer entre les chaudières et les machines un épurateur

qui se compose (fig. 148) d'une grande caisse cylindrique en
tôle A portant à l'intérieur des chicanes.

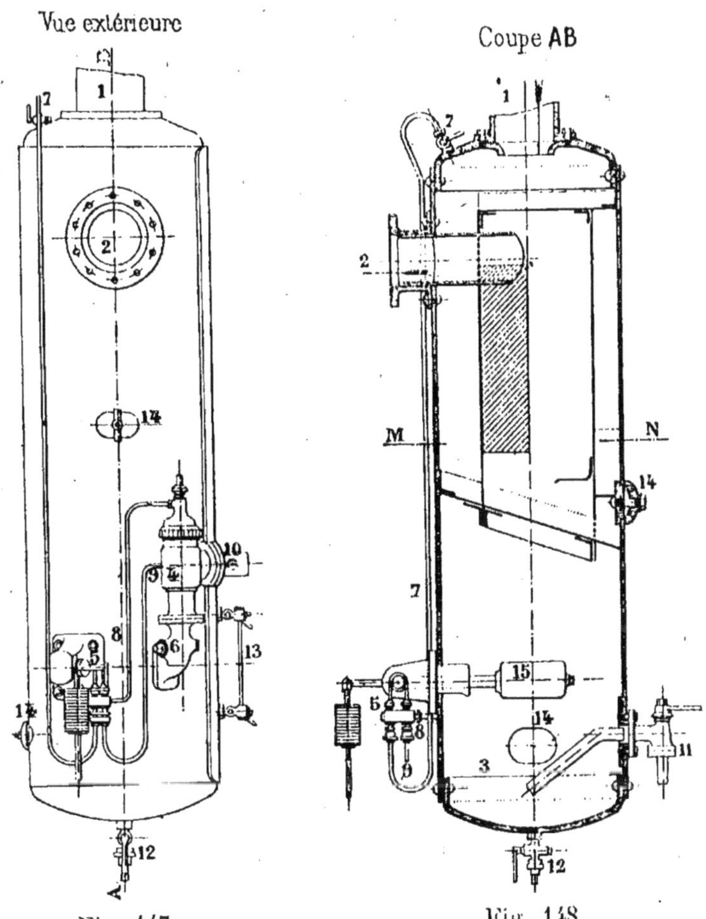

Fig. 147.   Fig. 148.

La vapeur qui arrive par 1 fait ainsi un parcours circulaire.
La force centrifuge l'oblige à se séparer de l'eau entraînée
qui tombe au fond de la boîte.

Une cloison horizontale percée en son milieu et munie d'une sorte de couvercle placée au-dessus de l'orifice, empêche les projections d'eau qui se produisent parfois.

L'eau déposée peut être évacuée soit à la main, soit automatiquement grâce à un système de purge automatique (fig. 149).

Celle-ci se compose d'un flotteur G reposant sur l'eau de

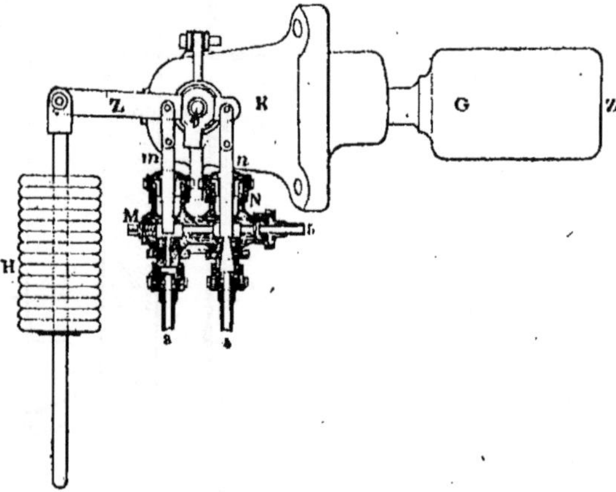

Fig. 149.

l'épurateur et mobile autour d'un point o ; l'autre extrémité de ce flotteur porte des contrepoids H.

Sur ce levier et de chaque côté du point o sont articulés 2 poinçons pouvant venir obturer ou ouvrir alternativement 2 conduits, 3 et 4.

Un troisième conduit 5 est constamment en communication avec celui des 2 précédents qui se trouve ouvert et il communique d'autre part avec la partie supérieure d'un piston d par 5'. Ce piston appuie sur un clapet F, de section 2 fois moindre et qui obture la sortie d'eau dans le sens de la flèche c.

3 communique avec la partie supérieure de l'épurateur, c'est-à-dire avec la vapeur et 4 par F avec le condenseur.

Fonctionnement. — Supposons que le niveau de l'eau monte dans l'épurateur ; G monte et par suite *n* ; mais alors *m* descend.

L'orifice 3 est obturé ; 4 est ouvert.

La partie supérieure du piston *d* est donc en communication avec le condenseur ; par suite la pression en F est prépondérante au dessous, fait soulager ce clapet et l'eau s'évacue.

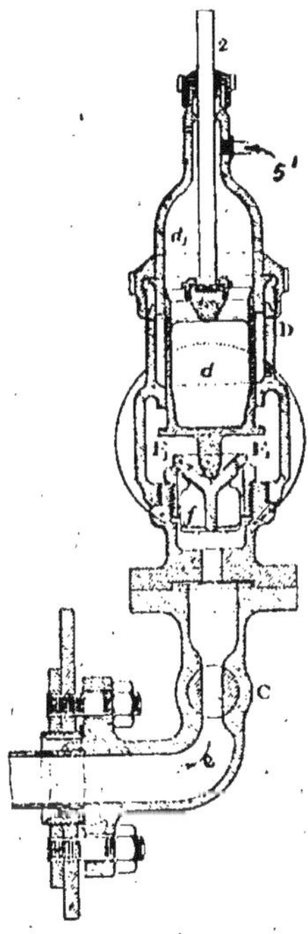

Au fur et à mesure G s'abaisse. 4 se ferme. Si F ne retombait pas immédiatement sur son siège 5 s'ouvrirait. — La partie supérieure se trouverait en communication avec la vapeur. Il y aurait donc au-dessus et au dessous de F la même pression par centimètre carré, mais comme section de $d = 2$ sections de F la pression au-dessus serait la plus forte et le clapet serait appuyé sur son siège. On évite ainsi toute chance d'envoi de vapeur au condenseur.

Résumé. — Les chaudières Belleville ont de nombreux avantages sur les chaudières cylindriques au point de vue militaire en raison de leur rapidité de mise en pression et de leur facilité de mise à bord.

Fig. 150.

Mais elles exigent un entretien considérable et sont d'une conduite délicate. Par suite leur emploi au commerce ne serait pas pratique.

Leurs avantages sont d'ailleurs un peu les mêmes que ceux de toutes les chaudières aquatubulaires.

Elles nous semblent cependant inférieures aux chaudières Niclausse pour les raisons suivantes :

1º Le démontage après service des tubes Belleville est irréalisable à cause de l'oxydation des filets. Celui des tubes Niclausse est au contraire possible.

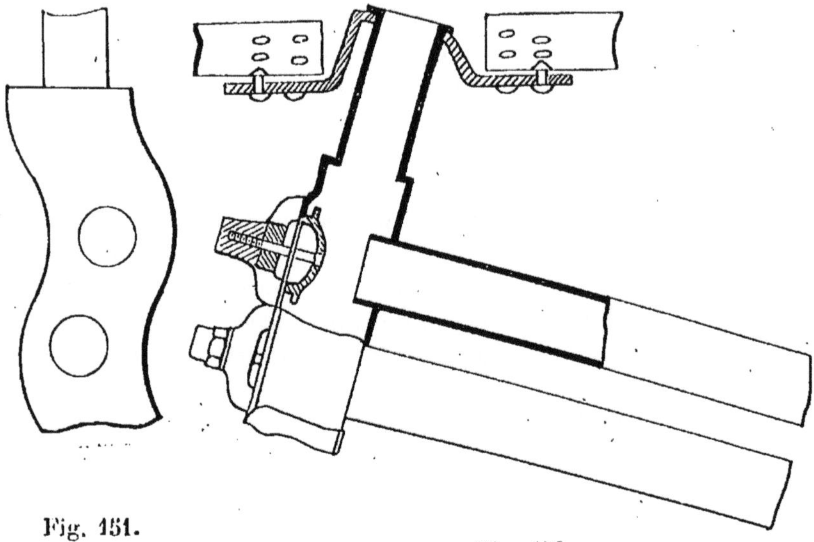

Fig. 151.

Vue de face
d'une colonne.

Fig. 152.

Vue de profil et coupe d'une colonne.

2º On peut changer un tube Niclausse sans enlever un élément ou même supprimer un seul tube. On ne le peut dans une chaudière Belleville.

N'étant attachés que par une extrémité les tubes Niclausse se dilatent plus facilement que les tubes Belleville.

Un certain nombre de qualités pratiques leur sont cependant reconnues.

CHAUDIÈRE BABCOCK ET WILCOX

Cette chaudière (fig. 151, 152 et 153) est formée en principe d'un faisceau de tubes obliques reliés par une série d'assemblages à un réservoir cylindrique supérieur. Les

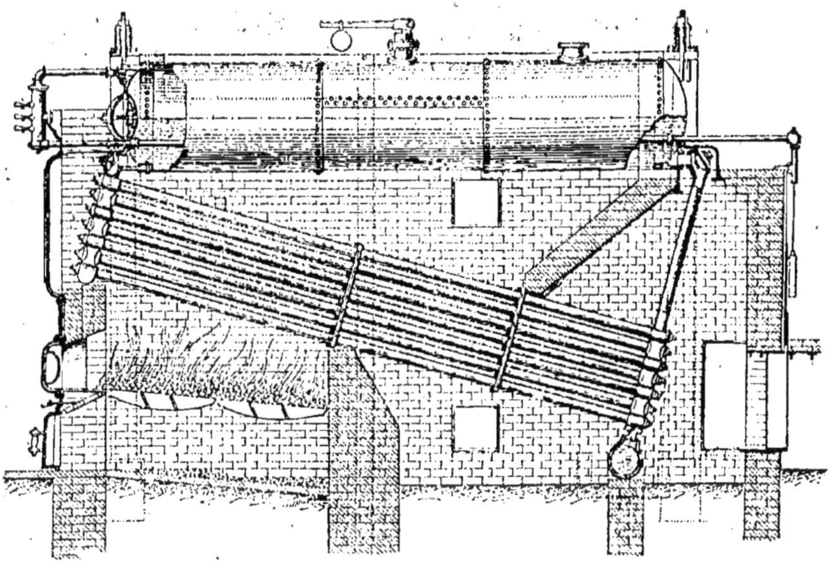

Fig. 153.

flammes circulent autour des tubes, viennent lécher les parois des corps cylindriques, et se rendent à la cheminée en repassant de nouveau autour du faisceau tubulaire.

Il y a comme dans la chaudière Niclausse plusieurs éléments vaporisateurs. Chacun d'eux est formé d'un certain nombre de tubes droits assez longs.

A chaque extrémité ces tubes rentrent dans des colonnes inclinées sur la verticale d'une trentaine de degrés. Ces

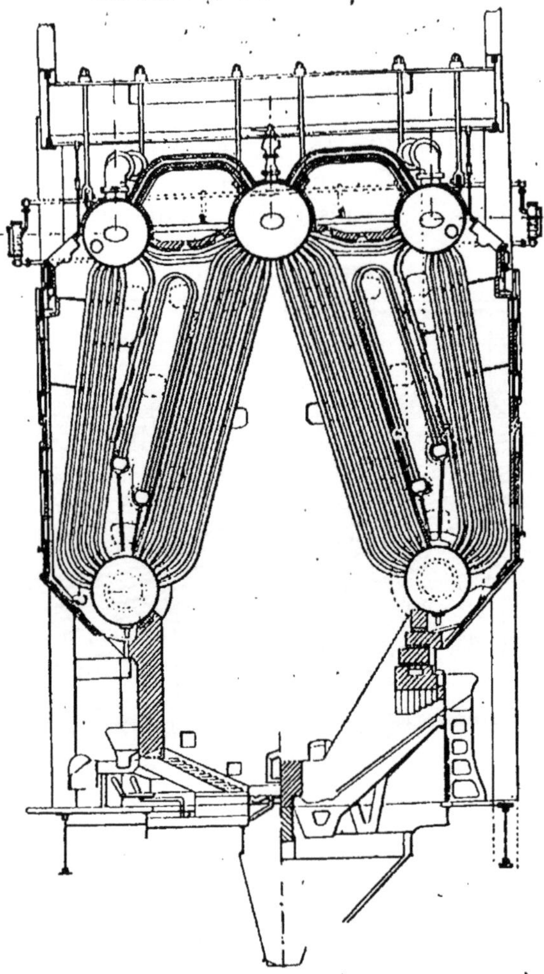

Fig. 154.

colonnes ont une forme sinueuse. De cette façon chaque tube reçoit mieux l'action des gaz chauds.

Les tubes sont placés en quinconce (fig. 151-152).

Ils communiquent par l'avant et l'arrière avec le collecteur supérieur de vapeur et à l'arrière avec un collecteur horizontal. Ce collecteur a pour but de recueillir les divers dépôts provenant surtout de la précipitation des sels à l'alimentation.

Le collecteur supérieur est à demi enfoui dans le foyer.

Le niveau normal de l'eau arrive à peu près à mi-section de ce collecteur qui est placé horizontalement.

L'alimentation se fait à l'avant dans le collecteur supérieur. Elle est disposée de telle sorte que le courant d'arrivée se fasse vers l'arrière. L'eau descend ainsi par la colonne de retour AR et la vapeur remonte par l'AV.

Tubes et collecteurs sont en acier extra-doux. Les tubes sont dudgeonnés, comme dans les chaudières cylindriques ordinaires.

Seulement en raison de la disposition des tubes, ce dudgeonnage est fort difficile.

Celui-ci se fait grâce à une petite porte-autoclave qui se trouve comme dans les chaudières Belleville en face de chaque tube.

Cette chaudière est très répandue en Amérique et commence aussi à se répandre en France. -

La figure 154 représente une chaudière verticale Babcock et Wilcox du plus récent modèle.

La figure 153 donne un modèle employé à terre. Les chaudières de bord sont identiques mais la maçonnerie est remplacée par une tôlerie.

Chaudière Oriolle (fig. 155 et 156). — La chaudière Oriolle a une forme presque cubique. Un faisceau de tubes longitudinaux contenant l'eau ou la vapeur met en communication 2 lames d'eau parallèles formant façade et fond, et de 0 m. 12 à 0 m. 17 d'épaisseur. Les tôles apposées d'une même lame d'eau ont de 0 m. 012 à 0 m. 013 d'épaisseur et sont reliées

entre elles par des entretoises en fer de 0 m. 025 de diamètre
taraudées dans ces tôles et rivées. L'écartement de ces entretoises est de 0 m. 12 d'axe en axe. Les tubes sont plus ou

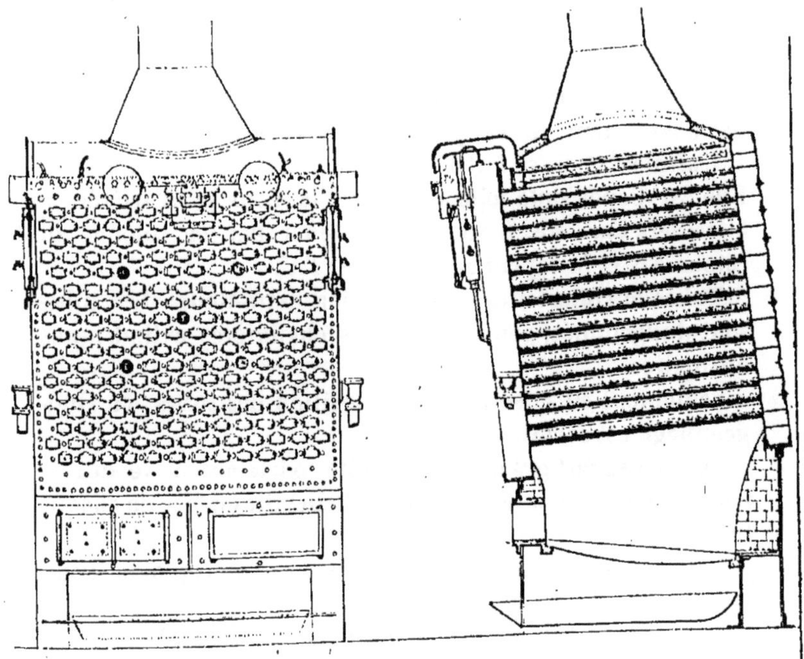

Fig. 155.   Fig. 156.

moins nombreux suivant la puissance d'un générateur. Ils
sont de 0 m. 055 à 0 m. 080 de diamètre extérieur, et de
0 m. 003 à 0 m. 005 d'épaisseur. Les tubes relient entre elles
les 2 lames d'eau, et l'expérience a démontré que cette liaison
suffisait bien que l'on puisse ajouter des tirants.

Entre les tubes règnent des intervalles de 0 m. 05 qui
livrent passage aux gaz du foyer et qui permettent le
raclage ou nettoyage extérieur tant obliquement qu'horizon-

talement. Ces tubes sont parallèles entre eux et légèrement inclinés à l'horizon, remontant de l'avant vers le fond, ce qui permet à la circulation d'eau et de vapeur de s'établir méthodiquement. Les rangées inférieures de tubes contiennent de l'eau et de la vapeur et les rangées supérieures servent de réservoir, séchant la vapeur et la surchauffant légèrement. La prise de vapeur se fait en haut de la lame d'eau antérieure qui est un peu en contre-bas de celle d'arrière. Au-dessous des tubes se trouve le foyer dont l'entourage est formé simplement par la maçonnerie en briques réfractaires maintenues par de la tôle.

Les faces latérales de la chaudière sont formées de cloisons en tôle de 0 m 03 d'épaisseur disposées en portes à charnières permettant l'examen et le nettoyage des tubes par le raclage et par un jet de vapeur. Pour obtenir un nettoyage complet à la vapeur on supprime quelques tubes convenablement espacés et on les remplace par des bouts de tubes formant entretoises creuses, reliant les deux tôles d'une même lame d'eau. Des ouvertures circulaires, munies de bouchons faciles à enlever, permettent l'introduction d'un jet de vapeur même en marche, ce qui produit un nettoyage parfait.

Sur les faces extérieures des lames d'eau et vis-à-vis de chaque tube existent des ouvertures circulaires semblables, fermées par des bouchons. Chaque bouchon est maintenu par une tige à écrou s'engageant dans une traverse en fer plat et une petite rondelle en caoutchouc forme joint. Les ouvertures sont assez grandes pour permettre de poser les tubes, de les visiter intérieurement, de les tamponner et de les changer.

Des chicanes ou bandes de tôles éloignent la flamme des plaques tubulaires et des portes latérales, tout en l'empêchant de se rendre à la cheminée avant d'avoir été bien utilisée.

Le tuyau d'alimentation de la chaudière débouche vers le

milieu de la partie supérieure de la lame d'eau antérieure et l'eau se réchauffe donc avant de pénétrer dans les tubes.

L'extraction des dépôts se fait par un robinet placé en bas de cette même lame d'eau.

C'est là en résumé (comme la chaudière Belleville) un système très ramassé et capable d'une vaporisation des plus actives.

Inexplosibilité, réduction de volume, simplicité de construction, entretien et nettoyages faciles, durée presque illimitée, économie de combustible, promptitude de mise en pression, tels sont les avantages par lesquels le système Oriolle se recommande à tous ceux qui emploient la vapeur.

Cette chaudière cependant tend à disparaître. Les chantiers de la Pallice en construisent encore un grand nombre mais pour petits bateaux.

Chaudière d'Allest et Lagrafel (fig. 157 et 158). — Ces chaudières sont doubles, accouplées par les boîtes à feu situées sur le côté. Les foyers et cendriers sont cependant indépendants, mais la boîte à feu étant commune, l'ensemble de ces deux chaudières se comporte comme une chaudière unique.

Ces générateurs sont du système aquatubulaire. Ils se composent en principe de 2 boîtes parallélipipédiques, l'une intérieure et l'autre extérieure de façon à former à l'avant et à l'arrière, 2 compartiments A et B ou lames d'eau solidement entretoisés.

Ces 2 lames d'eau communiquent d'une part avec 2 collecteurs de vapeur C et d'autre part entre elles par l'intermédiaire d'un faisceau tubulaire T.

Les tubes sont en acier extra-doux, étirés et sans soudure et inclinés vers l'arrière d'environ 15°. Ils sont dudgeonnés dans leurs plaques de tête.

De cette façon le dégagement de vapeur se fait par la lame d'eau avant, l'eau arrivant par la lame arrière.

Les parois latérales des boîtes sont percées en face chaque tube d'un trou ovale pouvant être fermé par un bouchon autoclave. On peut aussi facilement faire le nettoyage des

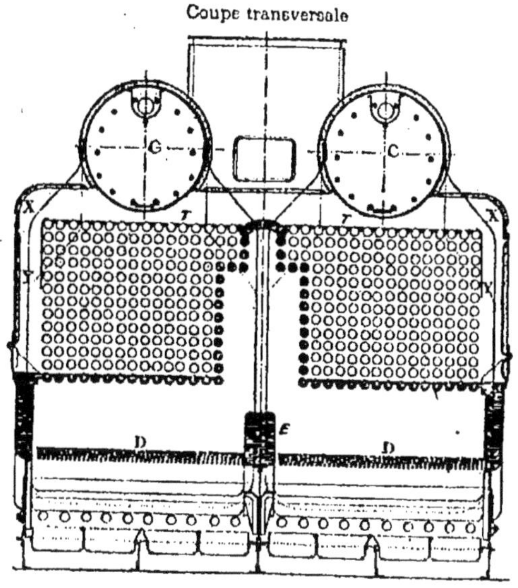

Fig. 157.

tubes et les changer au besoin. L'alimentation se fait dans les coffres supérieurs où se trouve d'ailleurs le niveau normal de l'eau.

Le plan de grille est formé de 2 rangées de barreaux. Dans cette chaudière l'autel est remplacé par une simple traverse, mais il existe entre les deux chaudières un autel longitudinal E destiné à redresser les gaz.

Les barreaux de grille sont doubles et entretoisés.

La tôlerie est percée sur la face arrière d'un certain nombre de trous par où arrive une addition d'air dans les cen-

driers. Les portes du cendrier et du fourneau s'ouvrent de
dehors en dedans et sont à axe horizontal.

Le cendrier est en tôle et rapporté.

De chaque côté de la chaudière se trouvent des panneaux
démontables, et des portes de boîtes à tubes.

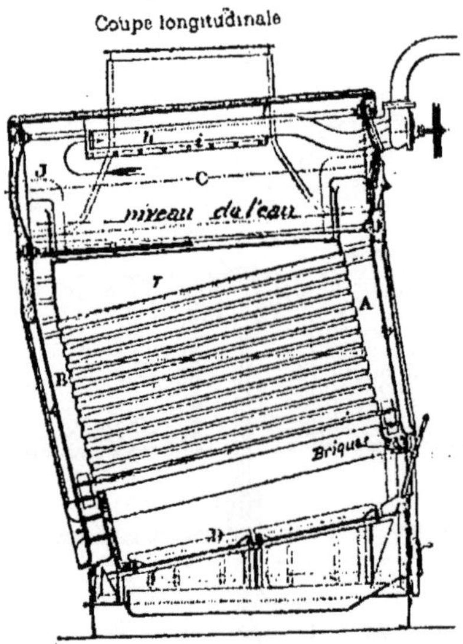

Fig. 158.

L'ensemble de la chaudière est boulonné sur un encaisse-
ment en tôles et cornières fixé lui-même sur la carlingue du
navire.

Au-dessus de la rangée inférieure des tubes une rangée de
briques réfractaires à cheval sur les tubes mêmes forme
écran.

De la sorte les gaz se rendent d'abord dans la boîte à feu et
sillonnent ensuite le faisceau tubulaire.

Au-dessus de la tôle et sur les intervalles entre les tubes
du plan supérieur se trouvent d'ailleurs posées des briques

qui forcent les produits gazeux après s'être mélangés à passer horizontalement à travers le faisceau tubulaire.

Puis une tôle pendant verticalement et placée sur le côté extérieur de chaque faisceau les fait redescendre pour s'échapper ensuite le long de l'enveloppe en passant au-dessus de la rangée supérieure des tubes. Ils arrivent ensuite à la cheminée.

Cette chaudière demande une heure environ pour monter en pression. La couche de charbon à mettre sur la grille est d'environ 10 centimètres.

Elle fonctionne en moyenne à 15 kilogrammes.

C'est une chaudière robuste d'entretien et de réparations faciles.

CHAPITRE IX

CHAUDIÈRES MULTITUBULAIRES

Chaudière Yarrow (fig. 159 et 160). — Se compose de trois collecteurs : deux collecteurs inférieurs et un collecteur supérieur de plus grand diamètre. Ce dernier collecteur est

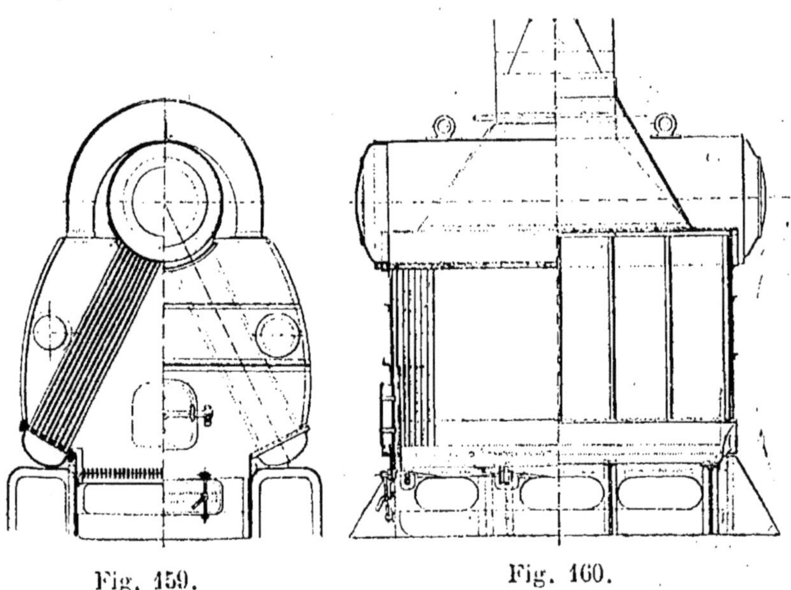

Fig. 159.   Fig. 160.

réuni aux deux autres par l'intermédiaire de tubes droits et deux collecteurs inférieurs sont en outre réunis entre eux extérieurement par une sorte de cuvette qui porte le foyer et le cendrier. Les tubes ont environ 25 millimètres de diamètre extérieur, 2 millimètres d'épaisseur, sont en acier extra-doux étiré et sans soudure et sont dudgeonnés dans les collec-

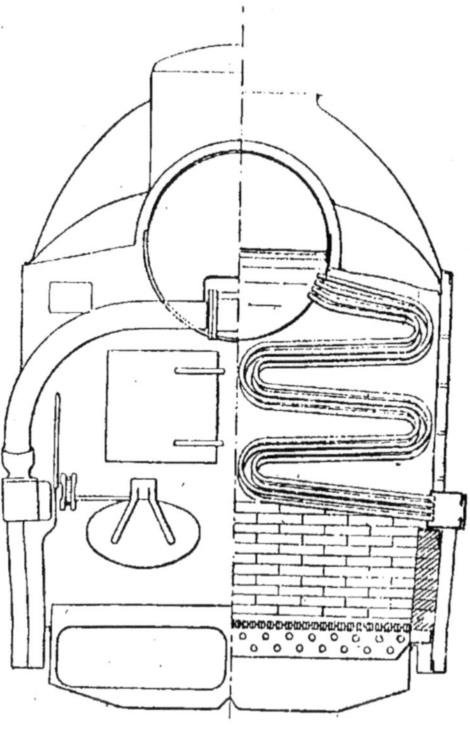

Fig. 161.

teurs. Quelquefois aussi les tubes sont en laiton. L'alimentation se fait dans le collecteur supérieur où se trouve d'ailleurs le niveau normal de l'eau. Chaque chaudière est munie d'une pompe alimentaire spéciale.

La circulation de l'eau s'établit par la grande différence de température existant entre les rangées de tubes intérieures et les rangées extérieures. Cette chaudière peut être mise en pression en une demi-heure.

Chaudière Du Temple. — C'est une modification de la chaudière Yarrow. Comme cette dernière elle comprend trois collecteurs, mais la réunion du collecteur supérieur avec le collecteur inférieur se fait au moyen de tubes en serpentins, les tubes sont en acier étiré et sans soudure.

La figure 161 représente un des premiers types usités.

Le niveau de l'eau monte également jusqu'au 1/3 environ

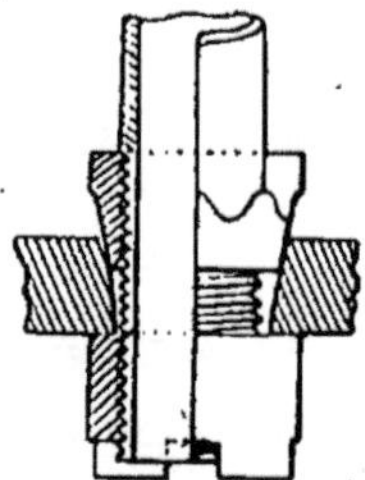

Fig. 162.

du collecteur supérieur. Chaque bouilleur est fermé par deux portes boulonnées.

Des portes de visite existent latéralement. L'ensemble de cette chaudière est logé dans une enveloppe formée elle-même d'une double tôle. Entre les deux tôles on a bourré des matières calorifuges.

Le foyer est compris entre les deux parties du faisceau tubulaire qui affecte la forme d'une voûte.

Les tubes sont fixés dans les collecteurs au moyen de raccords vissés (fig. 162).

La circulation de l'eau se produit par différence de température comme nous l'avons vu dans la chaudière Yarrow. Mais la surface de ce chauffe avec ce genre de chaudière est notablement augmentée.

En outre dans les types actuels (fig. 163 et 164) les tubes sont sensiblement verticaux dans la partie qui avoisine les collecteurs inférieurs ce qui permet à la vapeur de se dégager plus facilement.

Une différence essentielle existe avec la chaudière Yarrow :

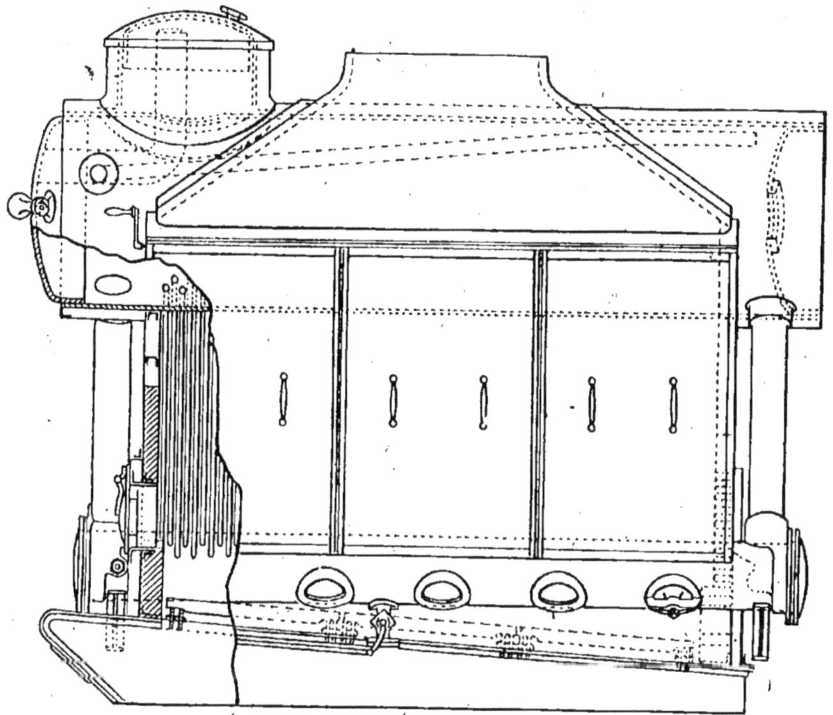

Fig. 163.

c'est que le retour d'eau au lieu de se faire par les tubes extérieurs se fait par de gros tubes placés de chaque côté de la chaudière et appelés tubes de retour.

Il y a quatre de ces tubes : deux à l'avant et deux à l'arrière.

Dans les chaudières Du Temple les gaz chauds s'élèvent

directement et verticalement à travers le faisceau tubulaire pour se rendre à la cheminée placée au-dessus du foyer. Cette chaudière est dite à flamme directe.

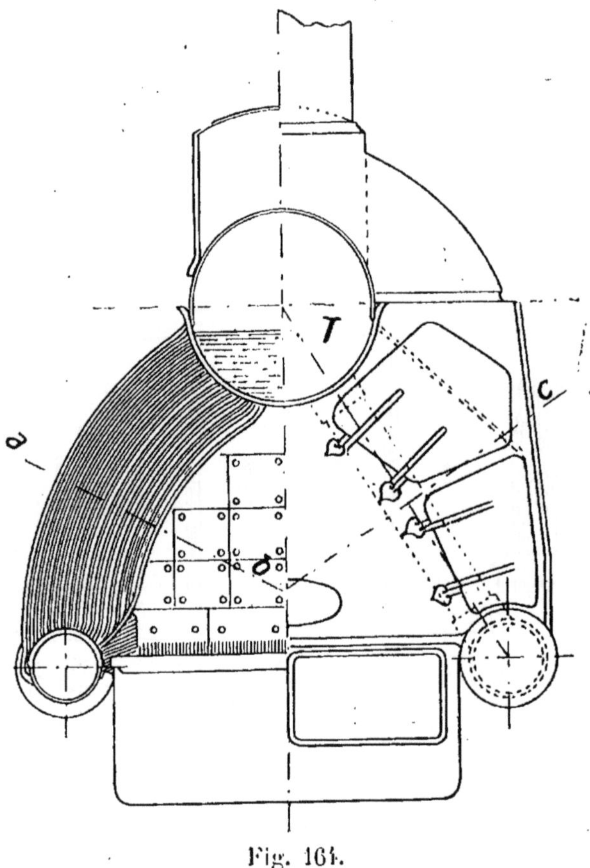

Fig. 164.

Chaudière Guyot Du Temple. — D'autres chaudières portant le nom de Guyot Du Temple ont été modifiées et sont dites à flammes en retour.

La figure 165 montre une coupe faite suivant *a b c* dans ces chaudières modifiées.

Les gaz chauds sont contraints par la disposition du

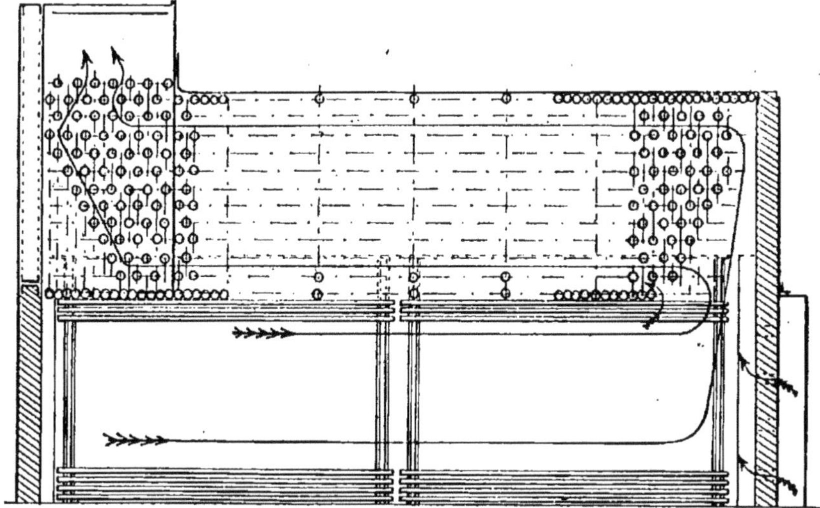

Fig. 165.

faisceau tubulaire à suivre le parcours indiqué par les flèches avant de se rendre à la cheminée.

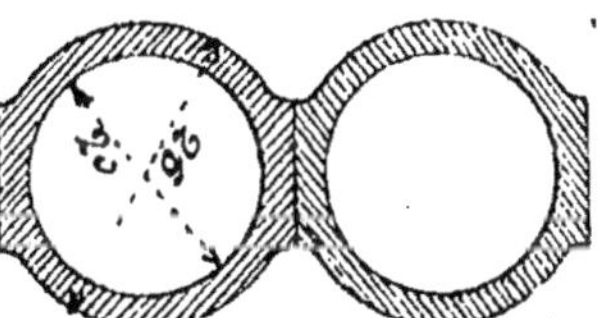

Fig. 166.

Le contact des gaz avec les tubes est ainsi augmenté :

Les deux premières séries de tubes les plus voisines du feu sont dans ce dernier modèle jointives, c'est-à-dire que les tubes sont en contact sur presque toute leur longueur (fig. 166).

La voûte, dont nous avons parlé, conserve mieux ainsi la chaleur.

Dans les deux cas le collecteur supérieur est surmonté d'un coffre à vapeur où se trouvent les divers organes de conduite et de prise de vapeur.

La courbure des tubes dans ces chaudières outre l'aug-

Demi Coupe transversale.   Coupe longitudinale.

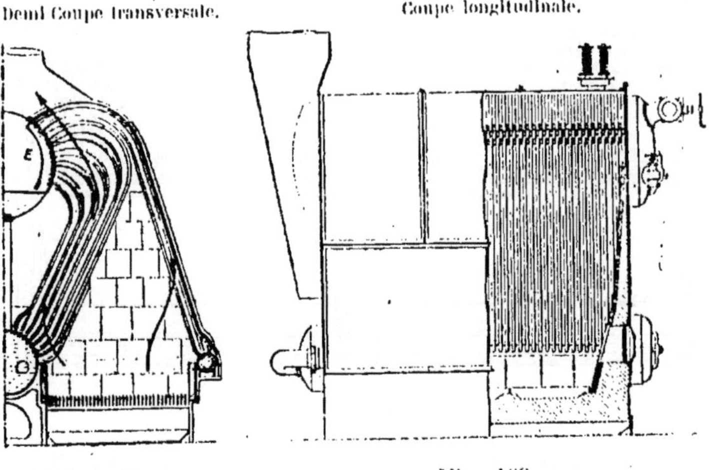

Fig. 167.   Fig. 168.

mentation de surface de chauffe leur permet ainsi de se dilater facilement sans que la chaudière en éprouve la moindre fatigue.

Chaudière Thornycroft (fig. 167 et 168). — Cette chaudière ressemble beaucoup à la chaudière Du Temple. Les tubes cependant sont moins rapprochés et de plus fort diamètre. En outre il y a trois collecteurs inférieurs.

Dans le collecteur supérieur se trouve un écran dentelé E en face duquel débouchent les tubes au-dessus du niveau normal de l'eau. C'est la plus grande différence qu'il y ait entre cette chaudière et les précédentes. Dans la chaudière Du Temple en effet comme dans la chaudière Yarrow les

Coupe transversale.

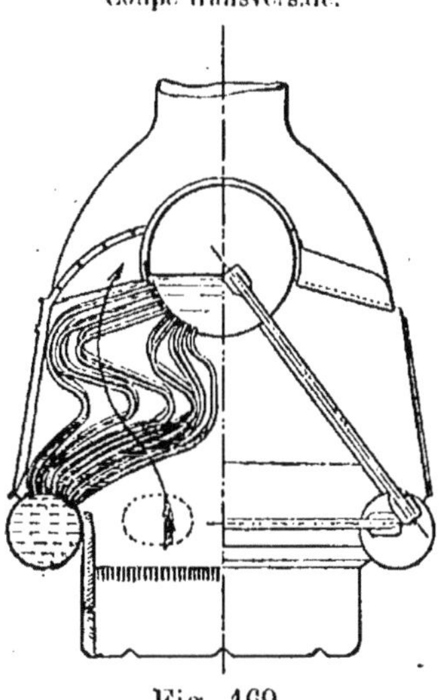

Fig. 169.

tubes débouchent dans l'eau tandis qu'ici ils débouchent dans la vapeur.

Demi-vue en plan.

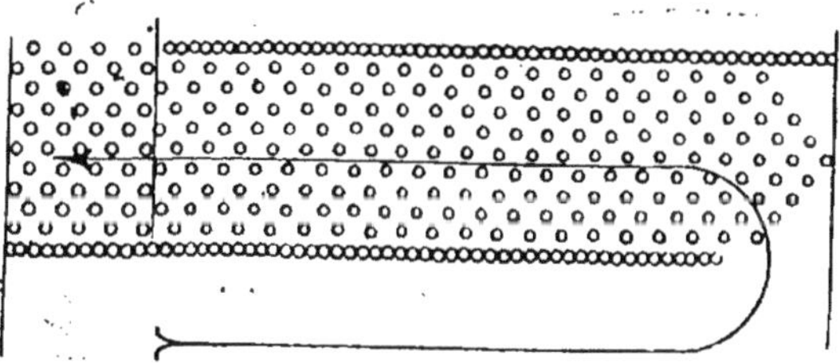

Fig. 170.

Il y a dans cette chaudière trois faisceaux tubulaires. Le faisceau central est divisé en deux parties par un espace où les flammes ne circulent pas.

Les deux collecteurs latéraux sont en outre réunis au collecteur supérieur par des tuyaux de retour d'eau.

Les deux rangées de tubes extérieures et intérieures sont jointives. Les rangées intérieures, cependant un peu au-dessus du réservoir du bas, laissent passer la flamme qui est obligée de lécher ce réservoir avant de sortir de la chaudière.

Cette chaudière n'est plus guère employée. Elle a d'ailleurs eu pas mal de variantes.

Chaudière Du Temple Normand (fig. 169 et 170). — Cette chaudière est l'un des premiers types de chaudières Du Temple perfectionnés par Normand.

Les figures montrent en effet que la courbure des tubes signe caractéristique de la chaudière Du Temple a été conservée.

Par ailleurs cette chaudière ne diffère pas sensiblement des précédentes.

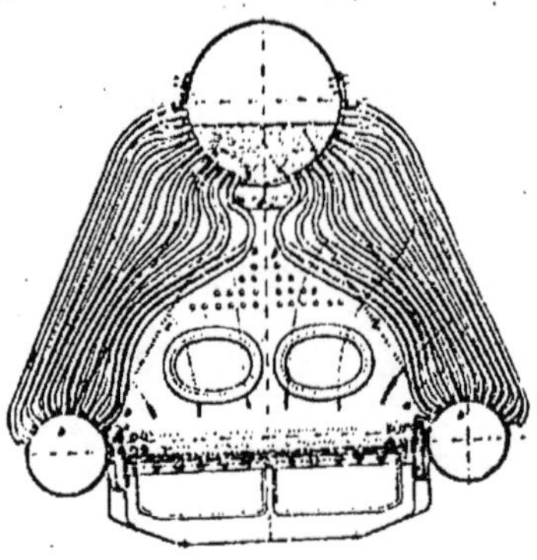

Fig. 171.

Chaudière Normand (fig. 171, 172 et 173). — Cette chaudière comprend encore un collecteur supérieur et deux collecteurs inférieurs.

Deux tubes de retour d'eau placés à chaque extrémité des collecteurs relient le collecteur supérieur aux deux autres, de même qu'un faisceau de tubes cintrés.

Les tubes diffèrent de ceux des chaudières précédentes par leur forme. Celle-ci a été calculée pour qu'il ne puisse s'y produire aucune chambre de vapeur.

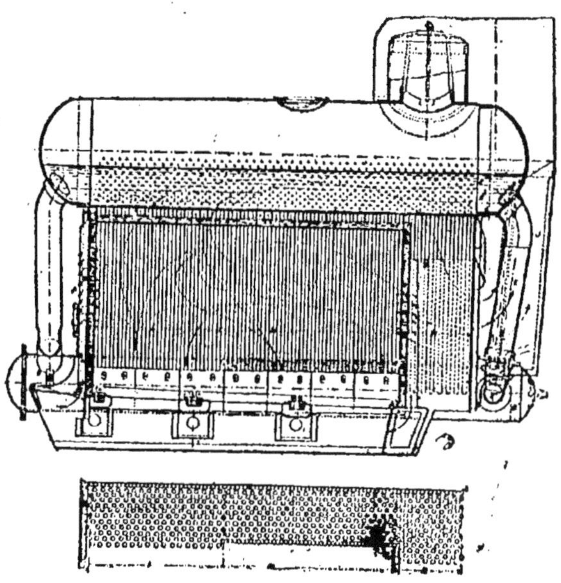

Fig. 172 et 173.

La chaudière Normand est à retour de flammes ou à flammes directes.

Dans le premier cas la cheminée est placée du côté de l'avant de la chaudière.

Les flammes et gaz vont dans ce cas jusqu'au fond de la chaudière, s'y distribuent latéralement de part et d'autre puis reviennent vers la façade à travers les tubes pour

s'échapper par deux boîtes à fumée appliquées latéralement contre la chaudière.

Dans le second cas la cheminée est placée à l'arrière de la
chaudière. C'est le cas de la figure 172. Les flammes sont
alors arrêtées à l'arrière de la grille par un autel en maçonnerie formant écran complet, reviennent vers la façade, s'y
distribuent latéralement, parcourent tout le faisceau et
reviennent dans la boîte à fumée appliquée sur le fond et
divisée comme précédemment en deux parties.

Chaque partie correspond à l'une des moitiés du faisceau
tubulaire.

Les collecteurs sont en tôle d'acier et le collecteur supérieur est surmonté d'un dôme où se trouvent les différents
organes de conduite. C'est dans le collecteur supérieur que
se fait l'arrivée d'eau d'alimentation. Celle-ci passe d'abord
à travers un réchauffeur spécial.

Les bouilleurs inférieurs quoique de petit diamètre sont
assez larges pour qu'un homme y puisse passer.

Des rangées de briques les protègent contre l'action du
foyer.

Comme dans la précédente chaudière les rangées de
tubes intérieures sont jointives. Les tubes sont dudgeonnés
et essayés à 50 kilogs par centimètre carré.

Comme l'indiquent les flèches, les gaz chauds entrent des
deux côtés de la chaudière par la façade du faisceau tubulaire seulement et sur toute la hauteur. Ils se dirigent
ensuite horizontalement à l'autre extrémité où se trouve la
cheminée. Mais à la fin de leur trajet longitudinal avant
d'arriver aux boîtes à fumée, ces gaz rencontrent à la partie
supérieure du faisceau tubulaire des écrans en tôle appelés
autels renversés qui les obligent à redescendre dans le bas
du faisceau pour chauffer la partie inférieure des tubes avant
d'être évacués ; sans cela la partie supérieure des tubes serait
seule chauffée.

Avantages et inconvénients. — A donné jusqu'alors d'excellents résultats mais plutôt dans la marine de guerre, à bord des torpilleurs. Ne semble d'aucune utilité pour la marine

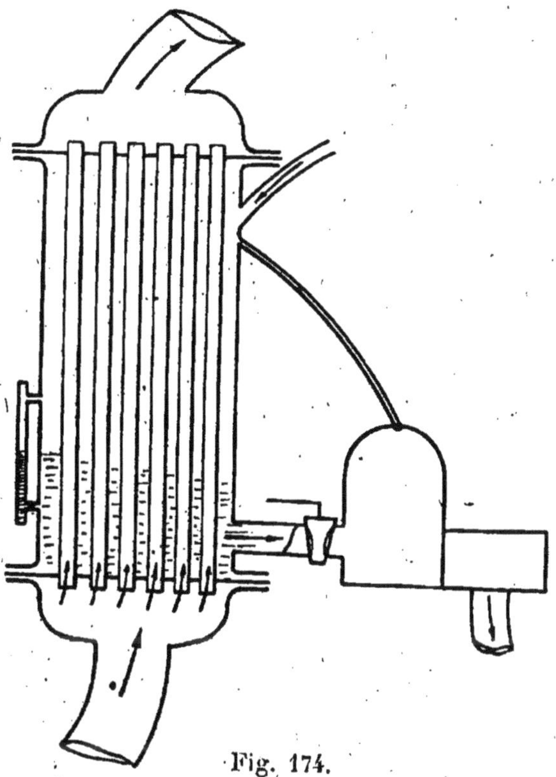

Fig. 174.

de commerce. Elle possède un gros inconvénient en ce qui concerne le remplacement des tubes.

Réchauffeur Normand. — Cet appareil se compose d'une boîte en trois parties. L'une cylindrique et portant deux plaques de têtes traversées par un faisceau tubulaire (fig. 174).

Les deux autres formant coquille aux extrémités de la première:

Le faisceau tubulaire est traversé par l'eau d'alimentation suivant les flèches verticales.

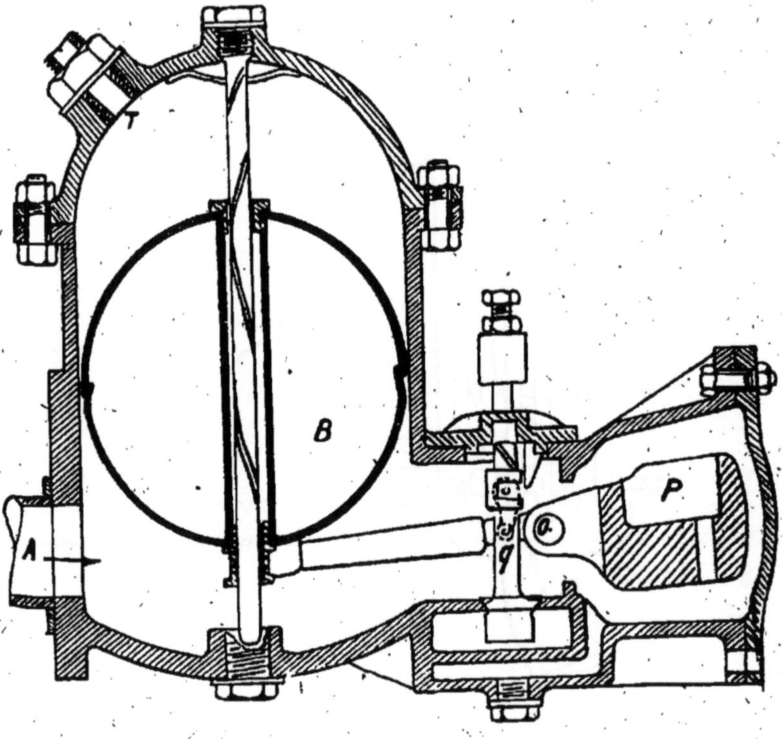

Fig. 175.

De la vapeur réchauffante prise à un cylindre M·P ou au réchauffage arrive par la partie supérieure en sens inverse de la marche de l'eau ; elle est évacuée par la partie inférieure sous forme d'eau et par l'intermédiaire d'un pur-

geur automatique. Un tube de niveau permet de contrôler,
le niveau de l'eau de chauffe et serait particulièrement utile
dans le cas où il faudrait purger à la main.

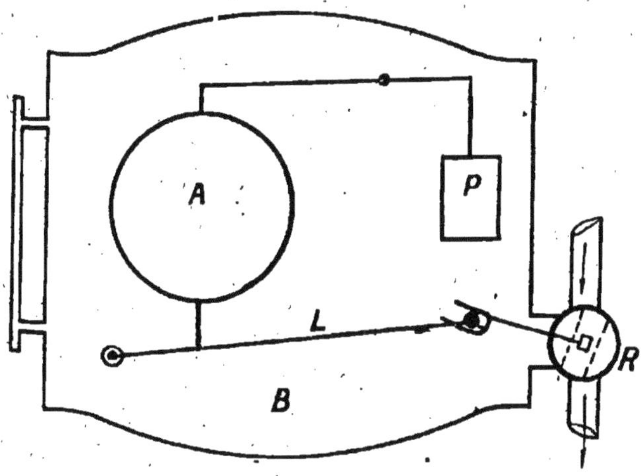

Fig. 176.

Purgeur automatique Normand (fig. 175). — Se compose d'une caisse en bronze où arrive l'eau de condensation
par A. Dans cette caisse se meut un flotteur en tôle B' reposant sur le grand bras d'un levier articulé en O en un
point fixe. L'autre bras du levier porte un contrepoids P'
disposé pour recevoir les poids mobiles.

Une soupape q est conduite par le grand bras. Quand le
niveau augmente, B se soulève, entraîne q qui ouvre l'orifice
de sortie. Une tubulure T met l'appareil en communication
avec la vapeur de façon à maintenir le flotteur en équilibre
dans la boîte.

Le niveau dans le purgeur est ainsi toujours le même que
dans le réchauffeur.

Automoteur Normand (fig. 176). — L'automoteur Normand comprend un flotteur A en tôle placé dans une caisse

B dans laquelle il se trouve en communication avec la chaudière et au plan d'eau.

Le flotteur appuie sur le grand bras d'un levier qui porte à l'autre extrémité un contrepoids P. Dans son mouvement le flotteur donne le mouvement à un levier L qui peut ouvrir ou fermer un robinet R placé sur le tuyau de refoulement des pompes alimentaires.

Notre figure ne représente qu'un schéma ayant pour seul but de faire comprendre le fonctionnement de l'appareil.

CHAUDIÈRE SIGAUDY NORMAND FLAMMES DIRECTES

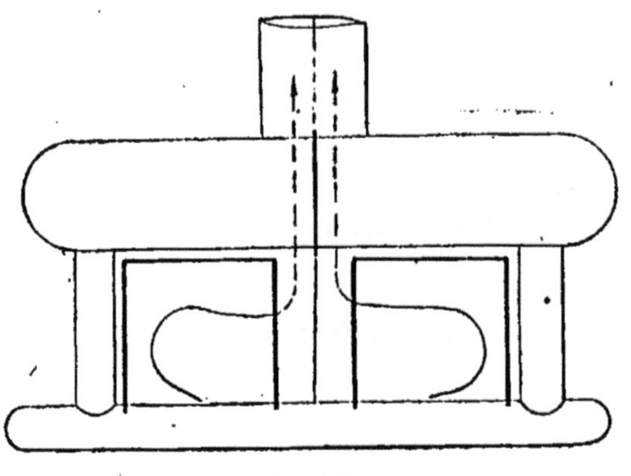

Fig. 177.

Chaudière Sigaudy Normand (fig. 177 et 178). — Cette chaudière est formée de deux chaudières Normand accolées dos à dos.

Les chaudières sont à flammes directes ou à flammes en retour comme l'indiquent les figures 177 et 178.

Les collecteurs sont communs, mais les bouilleurs et les fourneaux sont cependant indépendants et séparés.

Dans la chaudière à flammes directes il n'y a qu'une seule cheminée placée à l'arrière dans la partie commune. Cette cheminée est cependant divisée en deux parties distinctes.

Dans la chaudière à flammes en retour les boîtes à fumée se trouvent placées soit sur la façade soit sur les faces latérales suivant l'emplacement dont on dispose.

Entre les deux autels se trouve dans tous les cas une chambre vide admettant l'air au-dessus des grilles.

CHAUDIÈRE SIGAUDY NORMAND A FLAMMES EN RETOUR

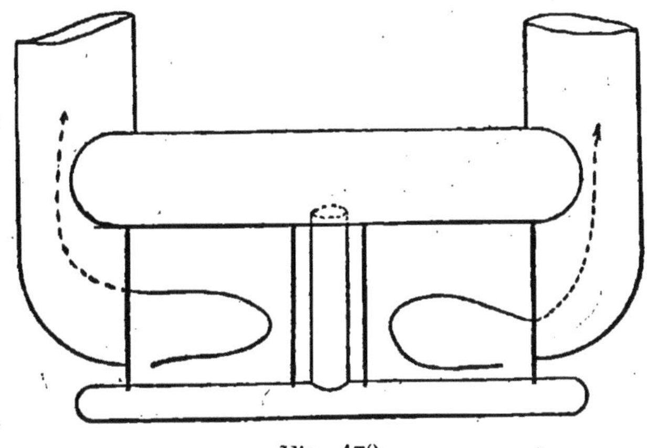

Fig. 178.

Dans la chaudière à flammes en retour un certain nombre de tubes jointifs placés vers l'autel permettent le retour des gaz.

Comme pour les chaudières Normand il est nécessaire de réchauffer l'eau. On utilise le réchauffeur Normand. Cette chaudière a été employée sur de gros navires et a donné de bons résultats.

CHAPITRE X

CHAUFFAGE AU PÉTROLE

Le pétrole employé dans les chaudières est un résidu des huiles minérales que l'on trouve dans divers pays notamment en Russie et en Amérique.

Il porte le nom de *Mazout*.

Il y a deux façons de l'employer : soit directement soit en même temps que le charbon.

Dans le second cas l'installation peut être faite sur n'importe quelle chaudière.

Le principe consiste à envoyer le pétrole en jet pulvérisé sur la couche de charbon en ignition. On utilise pour produire la pulvérisation soit la vapeur de la chaudière soit de l'air comprimé traversant comme le pétrole un appareil nommé brûleur.

Le procédé à la vapeur est simple puisque le générateur lui-même fournit sa vapeur mais il donne lieu à une perte d'eau douce appréciable.

Le procédé à l'air comprimé exige l'emploi d'appareils auxiliaires nommés compresseurs d'air.

L'emploi du pétrole de cette façon donne d'excellents résultats. Le pétrole en effet renferme au moins 1/4 de calories de plus que les meilleurs charbons, et son utilisation est par suite meilleure que celle du charbon. De plus il donne très peu de résidus.

En outre dans un moment où l'on a besoin de forcer les feux il vient presque automatiquement donner son appui sans fatigue supplémentaire pour le personnel de chauffe.

L'emploi du pétrole comme unique combustible est avantageux en ce sens que le combustible èst d'un arrimage et d'un embarquement faciles quoiqu'il offre des dangers d'incendié ; à poids égal il correspond à une production de vapeur beaucoup plus grande que dans le cas de la houille.

Mais il exige des chaudières spéciales avec voûtes en briques sur lesquelles se viennent briser les gouttelettes du pétrole ; la projection sur les tubes aurait en effet l'inconvénient de condenser une grande partie de ces gouttelettes et de diminuer l'intensité du foyer.

De plus il faut soit une chaudière constamment allumée, soit l'emploi d'une chaudière à charbon pour l'allumage des feux, à cause de la pulvérisation. Enfin, sauf pour les navires pétroliers qui ont toute certitude de se ravitailler, la production actuelle du pétrole n'est pas suffisante pour assurer à une compagnie de navigation un ravitaillement certain et dans n'importe quel port.

Pulvérisateurs. — Ces appareils, sont de deux genres :
1° A jet d'air ou de vapeur ;
2° A fonctionnement mécanique.

De nombreux modèles existent actuellement. Nous en décrivons un dans chaque modèle, pris parmi les plus employés.

Pulvérisateur Guyot. — Il se compose (fig. 179 et 180) d'une tubulure conique amenant l'air comprimé ou la vapeur dans la chaufferie.

Le pétrole arrive par une tubulure intérieure mobile grâce à un volant V ce qui permet de régler à volonté la section annulaire du passage de l'air ou de la vapeur. L'air est comprimé à 4 ou 5 kilogrammes.

Le pétrole arrive en charge ou est refoulé par un thirion. Pour augmenter sa fluidité il est au préalable réchauffé dans un bain-marie.

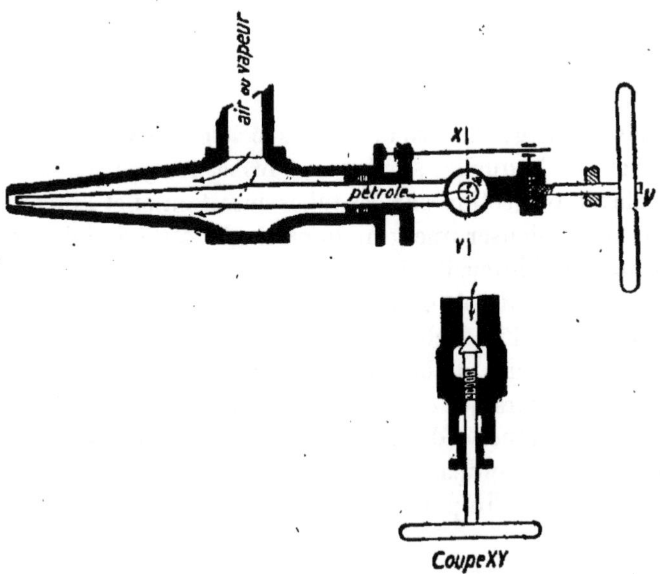

Fig. 179 et 180.

Pulvérisateur mécanique Soliani. — Très employé dans la marine italienne il est basé sur le principe du petit pulvérisateur bien connu qui sert à fixer sur le papier les dessins au pastel (fig. 181).

2 buses sont disposées à 90°, les becs convergeant vers le sommet de l'angle.

Le pétrole arrive par l'une des buses et la vapeur ou l'air comprimé par l'autre.

La pression de la vapeur employée est d'environ 1 kilogramme et le pétrole descend en charge d'une hauteur de 3 à 4 mètres.

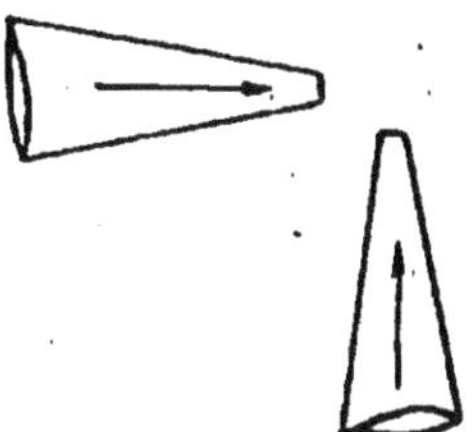

Fig. 181.

Pulvérisateur Körting (fig. 182). — Dans le brûleur Körting la pulvérisation est également mécanique.

Le pétrole est chauffé à 130 degrés environ et injecté

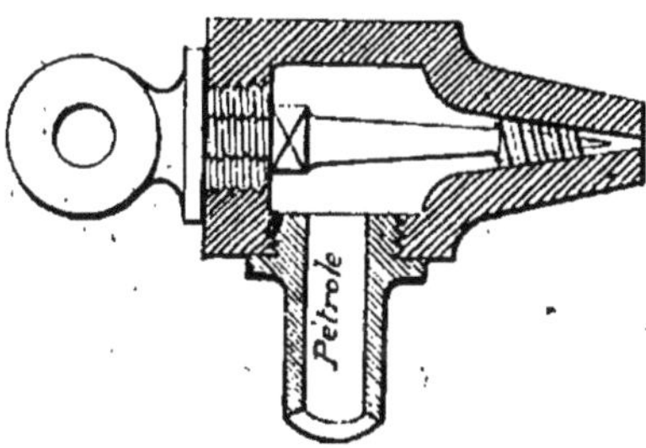

Fig. 182.

sous une pression d'environ 3 kg. 500 par centimètre carré à travers un ajutage conique terminé par un orifice de faible diamètre.

Dans l'axe de ce dernier est placée une aiguille de réglage; cette aiguille est munie d'une cannelure hélicoïdale qui imprime au pétrole un mouvement giratoire suffisamment rapide pour qu'elle soit pulvérisée par la force centrifuge au moment où elle sort de l'ajutage.

Pulvérisateur Swenson-Burner. — Ce pulvérisateur est représenté par les figures 183, 184, 185, 186 et 187.

Il est très employé en Russie et est d'un système sensiblement analogue au Körting.

L'huile de pétrole se pulvérise en frappant contre une

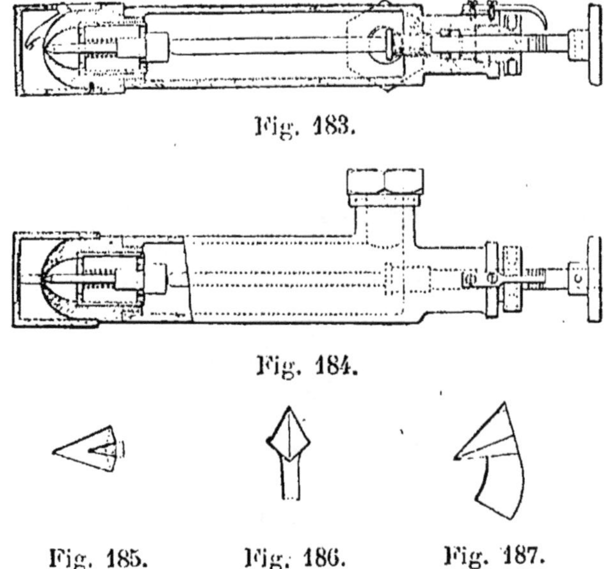

Fig. 183.

Fig. 184.

Fig. 185.   Fig. 186.   Fig. 187.

sorte de couteau placé à une faible distance de l'orifice de sortie.

Les vues 185, 186 et 187 représentent ce couteau et la description de l'appareil est facile à suivre sur les vues 183 et 184.

Chaudière cylindrique à réchauffage Howden et chauffage au pétrole. — Les figures 188 et 189 nous donnent les 2 vues bien connues de la chaudière cylindrique ordinaire à retour de flammes et réchauffage Howden.

Mais dans ce cas on voit (en 1) un tuyau d'arrivée du pétrole venant du filtre; (en 2) l'arrivée d'air venant du compresseur.

Dans la figure 190 on voit (en 3) le pulvérisateur autour duquel se fait (en 4) l'arrivée d'air. Cette introduction d'air

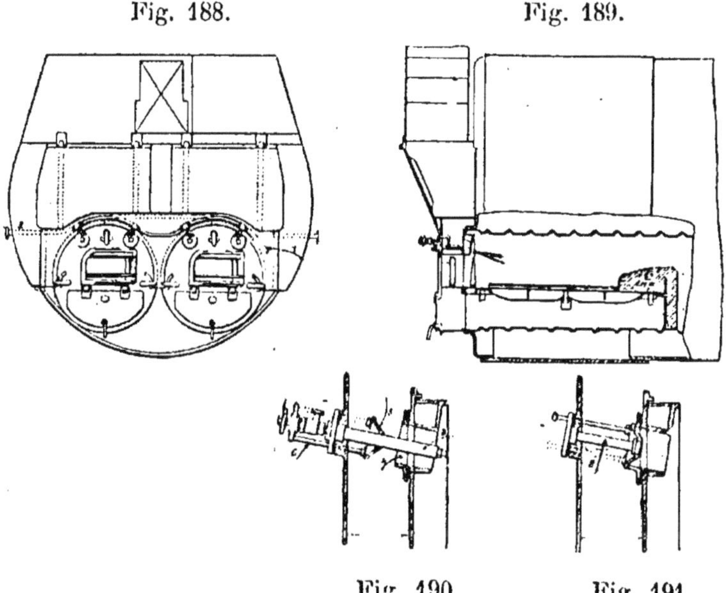

Fig. 188.   Fig. 189.

Fig. 190.   Fig. 191.

peut être plus ou moins étranglée au moyen du registre 5 manœuvrable par les tiges de réglage 6.

L'arrivée d'huile au brûleur est réglée par la soupape 7.

Cette installation a ceci de particulier qu'on peut à volonté chauffer au pétrole ou au charbon.

Dans ce cas il suffit d'enlever le pulvérisateur et de fermer le conduit d'air au moyen d'un bouchon représenté (en 8) dans la figure 191.

Chaudiére Normand avec chauffe au pétrole. — La construction de ces chaudières ne diffère de celles chauffées au charbon que par une transformation de la façade pour recevoir les brûleurs à pétrole et le remplacement du cendrier par une sole briquetée.

Le parcours des gaz s'effectue horizontalement; ceux-ci après avoir atteint l'extrémité de la chaudière du côté de l'autel reviennent dans une direction opposée, en pénétrant dans les faisceaux tubulaires qu'ils traversent de part en part et s'échappent ensuite dans la boîte à fumée et la cheminée située vers la façade.

Les tubes sont en acier, l'ensemble de ceux-ci forme trois faisceaux distincts : le premier, situé du côté de l'autel est ouvert à l'intérieur pour laisser pénétrer les gaz, et est fermé à l'extérieur ; — le second est fermé à l'intérieur et à l'extérieur ; — le troisième est fermé à l'intérieur et est partiellement ouvert à l'extérieur vers la cheminée.

Un écran en tôle perforée formant autel renversé est placé entre le deuxième et le troisième faisceau à la partie supérieure ; il a pour but de renvoyer la plus grande partie des gaz vers le bas du troisième faisceau ; le reste de ceux-ci passe par les trous pratiqués dans l'écran et s'échappe dans la cheminée par la partie supérieure du troisième faisceau ouvert à cet effet.

L'autel ou extrémité de la chaudière opposée à la façade possède des petits orifices pratiqués dans la tôle et le criquetage pour laisser passer l'air destiné au rafraîchissement de la façade.

Pour chaque chaufferie les appareils principaux sont :

1° Une pompe à pétrole à main pour l'allumage.

2° Un réchauffeur d'allumage constitué par un tuyau en acier roulé en spirale et chauffé par une lampe à chalumeau fonctionnant au pétrole lampant.

3° Deux pompes à pétrole (automotrices) pour le service normal et se servant mutuellement de rechange.

4° Deux réchauffeurs de pétrole construits comme les réchauffeurs d'alimentation, mais à triple parcours du liquide à réchauffer. La vapeur réchauffante circule à l'extérieur des tubes et le pétrole à l'intérieur. Les chauffeurs peuvent fonctionner ensemble ou séparément.

5° Deux purgeurs automatiques évacuent aux condenseurs par un collecteur spécial l'eau revenant des réchauffeurs.

Sur la façade de chaque chaudière sont disposés des caissons recevant 9 brûleurs à pétrole du système " Augustin Normand " breveté S.G.D.G. et leurs tuyères ; l'air insufflé en chambre close par les ventilateurs pénètre dans ces caissons par des portes automatiques.

Des regards pratiqués vis-à-vis des brûleurs de la chambre de combustion et de la boîte à fumée permettent de suivre la combustion.

Cette chaudière n'est employée actuellement que sur les torpilleurs (Bouclier, etc.) et a donné d'excellents résultats.

FIN DE LA PREMIÈRE PARTIE

TABLE DES MATIÈRES

CHAPITRE X

Chauffage au pétrole.

ÉVREUX. — IMPRIMERIE A. CHAUVICOURT

Librairie Bernard Tignol,

53 bis, Quai des Grands-Augustins

Téléphone Gobelins 23-28.

CATALOGUE

DES

Ouvrages Scientifiques et Industriels

MANUELS PRATIQUES

POUR TOUTES LES INDUSTRIES

Chimie — Électricité — Manufactures — Agriculture

Nous fournissons les ouvrages de Science, Industrie, etc., qui ne figurent pas dans nos Catalogues.

Ces livres sont envoyés franco dans le monde entier; joindre à la demande le montant en un mandat-poste. — Les envois faits contre remboursement sont augmentés de 0 fr. 85, montant des frais de retour d'argent.

1913

La Maison se charge de la publication de tous les ouvrages se rattachant à sa spécialité.

PARIS

Librairie Bernard TIGNOL

PUBLICATIONS DE LA

LIBRAIRIE de L'ÉCOLE CENTRALE des ARTS et MANUFACTURES

53 *bis*, Quai des Grands-Augustins, 53 *bis*

Accumulateurs (Voir ÉLECTRICITÉ, PILES).

Les Accumulateurs électriques. Nouvelle édition, par F. CA-CHEUX, ingénieur-électricien. — 1 vol. in-16, avec figures dans le texte. Prix.. **4 fr.**

TABLE DES CHAPITRES. — Description et mode d'emploi des piles secondaires. — Les accumulateurs anciens et nouveaux. — Montage des éléments et choix du local pour les accumulateurs. — Charge et décharge. — Les accidents : leurs causes et leurs remèdes. — Résumé.

Acétylène.

L'Acétylène et ses Applications, l'Incandescence par le Gaz et le Pétrole, par F. DOMMER, ingénieur des Arts et Manufactures, professeur à l'Ecole de physique et de chimie industrielles de la Ville de Paris ; 1 beau vol. in-16, 220 fig. — Prix........ **4 fr. 50**

Aérostation. — Aéroplanes.

Catéchisme de l'Aviation à la portée de tout le monde. — Les principes de l'aviation. — Historique et classification des appareils d'aviation. — Le monoplan. — Les biplans. — Les moteurs d'aéroplanes. — Les propulseurs. — L'aviation par l'hélicoptère et l'ornithoptère. — Questions diverses relatives à l'aviation. — Réglementation de l'aviation, par H. DE GRAFFIGNY, Ingénieur civil ; 1 vol. in-16. cartonné, dos toile, 59 figures, 200 pages. — Prix.............. **2 fr. 50**

Les Aéroplanes. Historique, Calcul et Construction des aéroplanes, par DE GRAFFIGNY, 1 vol. in-8° avec figures et 4 planches hors texte, 2ᵉ édition. — Prix .... **4 fr.**

Manuel pratique de l'Aéronaute. Étoffe. — Couture. — Filet. — Soupape. — Nacelle. — Lest. — Guide-rope. — Courants. — Observations. — Descente, etc. — Par W. DE FONVIELLE ; in-16, figures. — Prix **5 fr.**

Machines aériennes d'aluminium (Fusairs et Uranes), par CONST. FONTANA, in-16 avec figures. — Prix.................... **1 fr. 50**

Aérostation. Construction, description et direction des ballons, par MIRET, in-8°, 58 pages, 37 figures. — Prix réduit.............. **2 fr. 50**

Agriculture. — Animaux domestiques.

Les Engrais. Engrais chimiques. — Engrais naturels. — Engrais composés. — Formules. — Besoins des plantes. — Analyse des engrais, par F. LEGRAND, 19 figures. — Prix.................................. **1 fr. 50**

Le Drainage des terres arables. Drains en bois, en poterie, etc. — Travaux sur le terrain. — Drainages spéciaux. — Fonctionnement. Avantages, par A. Larbalétrier. — Prix................... **1 fr. 50**

Élevage du Bétail. Chevaux. — Bœufs. — Vaches. — Moutons. — Porcs, etc., par Em. Darbory, propriétaire-éleveur, 55 fig. — Prix **1 fr. 50**

Nos Légumes et nos Fleurs. Caractères. — Variétés. — Culture. — Maladies, etc., par E. Faveri et Larbalétrier, 56 fig. **1 fr. 50**

Machines agricoles et Constructions rurales. Charrues. — Herses. — Semoirs. — Faucheuses. — Moissonneuses. — Lieuses. — Batteuses, etc. — Constructions : Ecuries. — Bouveries. — Etables, in-16, par G. Ménul, 112 figures. — Prix........................... **1 fr. 50**

Céréales et Fourrages. Culture pratique. — Froment. — Seigle. — Orge. — Avoine. — Sarrasin. — Trèfle. — Betterave, etc., par A. Larbalétrier, 51 figures. — Prix............................... **1 fr. 50**

Arbres fruitiers et la Vigne. Fumure. — Conduite. — Multiplication. — Variétés : Abricotier. — Amandier. — Cerisier, etc. — La Vigne. — Cépage, Culture, Accidents, Maladies, par P. d'Aygalliers, 46 figures. — Prix.................................. **3 fr.**

Cidre, Poiré et Boissons économiques. Culture du pommier et du poirier. — Fabrication du cidre et du poiré. — Maladie du cidre, remèdes. — Eaux-de-vie. — Vinaigre. — Conservation des fruits. — Vins de Dattes, Figues, Poires, Pommes tapées. — Vins de fruits frais, Cerises, Prunes, Framboises, Groseilles, etc., 24 figures, par E. Rigaux. — Prix................................. **1 fr. 50**

Volailles, Lapins et Abeilles. Poules, Élevage, Incubation, Engraissement, Pintades, Dindons, Oies, Canards, Pigeons. — Lapins. Elevage, Alimentation. — Abeilles. Colonies, Nourriture, Rucher, Essaimage, Ruche, Récolte du miel, par E. Paradis et E. Montoux 52 figures. 2e édition. — Prix........................... **1 fr. 50**

La Vaccination charbonneuse, d'après Pasteur, par Ch. Chamberland; in-8°, 10 figures, cartonné toile anglaise. (1883). — Prix. **5 fr.**

Alcool (Voir Distillation).

Aluminium.

L'Aluminium. Nouveaux procédés de fabrication. —Alliages. — Emplois récents de l'aluminium. — Par Ad. Minet, ingénieur-électricien ; 2 volumes in-16, figures dans le texte. — Prix.................... **9** fr.

> *On vend séparément :*
> 1re Partie : Fabrication. — Prix......................... **4** fr. **50**
> 2e Partie : Alliages, Emplois. — Prix..................... **4** fr. **50**

Amalgames.

Les Amalgames et leurs applications, par Léon de Mortillet, ingénieur des Arts-et-Manufactures ; in-8°. — Prix........ **2** fr

Ammoniaque.

L'Ammoniaque, ses nouveaux Procédés de Fabrication et ses Applications. L'Ammoniaque. — Ses sels ammoniacaux. — Propriétés physiques. — Fabrication. — Travail des Eaux ammoniacales. — Analyse de l'Ammoniaque. — Des sels ammoniacaux. Des Matières premières. — Dosage dans les Eaux. — Applications. — Production et Consommation. — Brevets. — Par P. Truchot, ingénieur-chimiste ; in-16, figures. — Prix...... .... **6** fr.

Architecture et Constructions.

Manuel pratique de Constructions rustiques, par P. Hasluck et L. Gruny, 1 beau volume in-8, 194 figures dans le texte. — Prix................. .... **3** fr.

Table à l'usage des Constructeurs, donnant, par la connaissance de la corde et de la flèche, le rayon, l'angle au centre, etc. — Par L. Sergent. in 12 (1882). — Prix....................... **1** fr. **50**

Les Cheminées d'usines. Construction. — Réparations, par Victor Lefèvre, ingénieur civil ; 1 volume in-16 de 48 pages, avec 13 figures dans le texte. — Prix.... .... **1** fr. **50**

La Tour Eiffel de 300 mètres de l'Exposition Universelle. — Historique et description ; par Max de Nansouty, ingénieur ; 1 volume in-16 de 140 pages ; nombreuses figures. — Prix.............. **2** fr. **50**

Théorie sur la Stabilité des hautes Cheminées en maçonnerie, par Gouilly (Al.), ingénieur des Arts et Manufactures, répétiteur à l'Ecole centrale, in-8° avec planches, 1876. — Prix **1** fr. **50**

Manuel pratique de Construction moderne à l'usage des Architectes et des Ingénieurs-Constructeurs. — Formules usuelles. — Fondations. — Poutres. — Planchers en fer et en bois. — Calcul des Fermes. — Maçonnerie. — Hydraulique. — Electricité. — Chauffage. — Escaliers, etc. — Tables. — Par Ch. Sée, ingénieur-architecte; 1 beau volume in-16, 760 pages, avec 328 figures, cartonné toile anglaise. (1913). — Prix................ **10 fr.**

Arpentage.

Manuel pratique d'Arpentage et de levé des Plans, par G. Dallet, du Service géographique de l'armée, 1 volume, in-16, 73 figures dans le texte. — Prix..................................... **4 fr.**

Arts militaires.

Science et Guerre. Télégraphie optique. — Lumière électrique. — Cryptographie. — Poste par pigeon, par Max de Nansouty (1888), 1 vol. in-16, 190 pages, 57 figures dans le texte, 3 planches hors texte.... **4 fr.**

Automobiles. — Motocyclette. — Bicyclette.

Les Omnibus automobiles. Conseils pratiques sur l'organisation des transports en commun par omnibus automobiles, par G. Le Grand. 1 volume in-8°, 16 figures. — Prix..................... **1 fr. 50**

Choix de la ligne. — Choix des véhicules. — Les bandages. — Les mécaniciens et les encaisseurs. — L'exploitation. — Le garage. — Les assurances. — Intervention de l'Etat.

Manuel pratique du Constructeur d'Automobiles à pétrole, par Maurice Farman. — Un beau volume in-16, avec 65 figures dans le texte et un atlas de 20 planches in-4°. — Prix...... **9 fr.**

Manuel pratique du Conducteur-Chauffeur d'Automobiles, par Maurice Farman. — Théories du moteur. — Organes. — Graissage. — Carburateurs. — Allumage. — Embrayage. — Changement de vitesse.—Freins.—Châssis. — Les pneumatiques. — Conseils pratiques. — Les pannes et les moyens d'y remédier. — Un beau volume in-16, de 327 pages et 215 figures, cartonné toile anglaise (1913). — Prix.. **5 fr.**

Manuel du Conducteur d'Automobiles, par MAURICE FARMAN. — In-8°, (1905), 160 figures, 4ᵉ édition. — Prix réduit. **2 fr. 50**

Catéchisme de l'Automobile à la portée de tout le monde, par H. DE GRAFFIGNY, ingénieur civil, 1 volume in-16, cartonné dos toile, 64 figures dans le texte (2ᵉ édition). — Prix...................... **2 fr.**

TABLE DES CHAPITRES.— Les voitures automobiles en général. — Le moteur. — Le carburateur. — La transmission.— La carrosserie automobile. — Conduite d'une automobile. — Entretien et réparations. — Législation.

La Motocyclette et le Tricar. Choix de la machine et des appareils. — Accessoires. — Moteur à quatre temps. — Carburateur à pulvérisation. — Conduite. — Graissage. — Transmission. — Pannes, etc., par A. COQUERET, un beau volume in-8°, avec figures dans le texte et un modèle avec détails en couleurs des organes superposés et démontables de la motocyclette. Nouvelle édition. — Prix...................... **3 fr.**

Construction et réglage des moteurs à explosions. Manuel pratique de construction d'un moteur à explosions. — Calculs généraux. — Recherche des dimensions et de la meilleure forme à donner aux pièces. — Mise au point d'un moteur construit, par LOUIS LACOIN, 1 vol. grand in-8°, 461 pages, 212 figures. 3ᵉ mille. Cartonné toile. **12 fr.**

L'Allumage dans les Moteurs à explosions. Explication détaillée des phénomènes électriques et du fonctionnement. — Appareils électriques d'automobiles. — Piles, accus, bobines, trembleurs, montages divers, etc. — Magnétos à basse et à haute tension, leur description leur entretien, leur réglage, par L. BAUDRY DE SAUNIER, 1 vol. grand in-8° 480 pages, 294 figures. Broché. — Prix...................... **12 fr.**

L'Automobile théorique et pratique, par L. BAUDRY DE SAUNIER; 2 volumes in-4°. cartonné toile.

TOME 1. — **Le Moteur.** — Moteur à explosion. — Aspiration. — Carburation. — Echappements. — Soupapes. — Distribution. — Allumage. —

Régulation. — Graissage. — Réfrigération. — Réglage. — Mise en route.
1 volume in-4° de 470 pages et 280 figures. Nouvelle édition. Cartonné
toile. — Prix... **12 fr.**

TOME II. — **Le Mécanisme.** — Transmissions. — Chassis. — Ressorts.
—Amortisseurs. — Essieux. — Roues. —Direction. — Embrayage. — Diffé
rentiel. — Transmission aux roues. — Changement de vitesse. — Freinage.
— Principaux véhicules. — Carrosserie. — Accessoires. 1 volume in-4°
de 400 pages et 250 figures. Cartonné toile. — Prix.............. **12 fr.**

Eléments d'Automobile. Notions sommaires sur la question des
voitures automobiles, sur leur fonctionnement, sur leur utilité. — Voitures à vapeur, voitures électriques, voitures à pétrole, par L. BAUDRY
DE SAUNIER, 1 vol. petit in-8°, 160 pages, nombreuses figures. Cartonné
dos toile. — Prix..................................... **2 fr. 50**

L'Art de bien Conduire une Automobile. Recueil des
connaissances, des principes et des tours de main que doit posséder un
conducteur pour tirer le meilleur parti possible de sa voiture, par L. BAU-
DRY DE SAUNIER, 1 vol. in-16, 286 pages, 60 figures. Cart. toile.—Prix **5 fr.**

Les Recettes du Chauffeur. Manuel pratique indiquant les
procédés et les tours de main indispensable au conducteur d'une automobile. — Les remèdes aux pannes, etc. — Recueil de notions, procédés
et recettes utiles à un conducteur de véhicule mécanique (Voiture, Moto-
cycle, Motocyclette). — Indication des pannes principales et des remèdes
à leur apporter, par L. BAUDRY DE SAUNIER, 1 vol. petit in-8°, 638 pages,
nombreuses gravures, 25ᵉ mille. Cartonné toile. — Prix......... **12 fr.**

Bière.

Manuel du Chimiste Brasseur, par E. FONTAINE, Ingénieur-
Chimiste, un beau volume in-16, 65 figures dans le texte, cartonné toile
anglaise. — Prix... **5 fr.**

Manuel pratique de la Fabrication de la Bière, par
P. BOULIN, chimiste-industriel; un gros volume in-16, avec figures dans
le texte et une planche (plan d'une grande brasserie). — Préparation du
malt. — Brassage. — Le moût. — Houblonnage. — Fermentation. —
Levure. — Mise en levain, etc. — Les fûts. — Caves. — Clarification. —
Diverses méthodes de brassage. — Analyse. — Falsification, etc.... **9 fr.**

**Tables du Degré de Fermentation et du rendement
en extrait donnés immédiatement sans calcul,**
por Jean STAUFFER, professeur à l'Ecole de brasserie de Munich. 1 grand
volume in-8° de 964 pages. Cartonné toile. — Prix.............. **10 fr.**

Bois.

L'Industrie chimique des Bois. Leurs dérivés et extraits industriels, par P. Dumesny et J. Noyer, ingénieurs-chimistes, 1 vol. in-8°. Nombreuses figures dans le texte. — Prix, broché............ **12** fr.
— Cartonné toile anglaise   **15** fr.

1re Partie. — *La distillation du bois* : Généralités. — Propriétés physiques et chimiques. — Principaux procédés de carbonisation du bois.— Industrie de l'acide acétique. — Acétates et alcool méthylique. — Produits secondaires de la distillation des bois et industries utilisant chimiquement le bois. — Partie analytique.

2e Partie. — *Fabrication d'extraits divers* : Extraits de châtaignier. — Matériel et appareillage pour le traitement du bois de châtaignier. — Type d'usine d'extraits. Capital à engager. Calcul du prix de revient. — Importance et nombre d'usines en France, en Corse et en Italie. — Usage et mode d'emploi des extraits en tannerie. — Fabrication de l'extrait de chêne. — Fabrication de l'extrait de quebracho. — Fabrication d'extraits de sumac. — Des matières tannantes diverses. — Fabrication des extraits de campêche. — Analyse des matières tannantes, etc.

Traité de Sylviculture générale. Culture, Aménagement et Gestion des Forêts, par Alexis Frochot, sous-ingénieur des forêts. — 1 volume in-8°, 264 pages, 41 figures. Cartonné toile anglaise. — Prix réduit....... .... **10** fr.

Instruction pratique sur les Scieries. Contenant : l'étude et les valeurs de la résistance des matériaux à l'action de l'outil ; des considérations théoriques ; des résultats d'expériences et des règles pratiques pour la détermination des proportions et des vitesses des différentes parties des mécanismes, par P. Boileau, 2me édition, 1 vol. in-8°, 108 pages, et 4 planches in-folio (1861). -- Prix............................... **5** fr.

Tarif métrique pour la réduction des bois en grume et de la charpente de trois en trois centimètres, suivi d'un tarif pour la réduction des sapins, par L. Godart et O. Périnet, marchands de bois, in-18, 12e édition. — Prix broché..................................... **4** fr. **50**
Cartonné toile anglaise.................... **6** fr.

Bougies (Voir Savons).

Théorie et pratique de la Fabrication des Bougies, des Chandelles et Savons de Toilette, par Léon Droux et V. Larue, ingénieurs-chimistes ; in-8° de 592 pages, 108 fig dans le texte et un atlas de 19 planches in-4°, cartonné toile anglaise. (1887).. **20** fr.

Boulangerie et Meunerie.

Guide pratique de la Meunerie et de la Boulangerie, par Pierre Marmay, ancien meunier, 1 volume in-8° de 144 pages avec atlas de 9 planches in-4° gravées sur acier, 1863. — Prix réduit... **5** fr.

Manuel du Boulanger et du Pâtissier-Boulanger.

Boulangerie et Pâtisserie-Boulangère françaises et étrangères, par E. Favrais, boulanger-pâtissier à Paris, fondateur de l'Ecole professionnelle de la boulangerie, 1 beau volume in-8° avec 124 figures dans le texte, 2 planches en noir et 17 planches en couleurs. — Prix.......... **12 fr.**
Le même ouvrage sans les planches en couleurs............... **6 fr.**

Bridge.

Manuel pratique et scientifique du Jeu de Bridge,

par E. Réveillaud. 1 volume in-16. Cartonné toile anglaise..... **4 fr.**

Briques et Tuiles.

Nouveau Manuel du Briquetier : Briques, Tuiles

Carreaux, par Émile Lejeune et Bonneville, revu et augmenté par H. de Graffigny; in-16, nombreuses figures. — Cartonné toile anglaise Prix... **10 fr.**

La Pierre artificielle. — Fabrication des briques et matériaux de

construction en grès silico-calcaire, par Ernest Stoffler, ingénieur civil, 120 pages, 100 figures dans le texte. — Prix.................. **4 fr. 50**
Préparation des matières premières. — Chaux. — Sable. — Broyage.— Mélange. — Moulage. — Durcissement. — Moteurs. — Appareils. — Installation des usines. — Prix de revient. — Essai des produits.

Caoutchouc.

Les Courroies en Caoutchouc. Calcul et emploi, par R. Bobet,

ingénieur, in-16, 1897. — Prix..................................... **1 fr.**

Au Pays du Caoutchouc, par Eugène Ackermann, ingénieur civil

des Mines, 1 volume in-12 de 61 pages avec 3 phototypies. — Prix **1 fr. 50**

Carrosserie.

La Carrosserie. Poids des voitures, roues, essieux, ressorts, suspen-

sion de voitures, avant-trains, caisses, voitures diverses, appareils enregistreurs de la vitesse, du tirage et de la douceur de suspension, par G. Anthoni, in-8°, 64 pages, 41 figures et 1 planche, 1878. — Prix. **3 fr.**

Chaleur. (Voir Physique).

Chauffeurs (Voir Automobiles, Mécanique et Machines)

Catéchisme des Chauffeurs et des Machinistes, traitant

de la législation, de la combustion, de l'entretien, de la conduite des machines, mise en marche, description des organes, arrêt, machines spéciales, chaudières, foyers, appareils de sûreté, etc., 8e édition, revue et augmentée d'un appendice, in-16, figures dans le texte. Cartonné dos toile. — Prix.. **2 fr**

Chaux et Plâtres (Voir BRIQUES et TUILES).

Manuel du Chaufournier et du Plâtrier, du fabricant de bétons et mortiers hydrauliques, par Emile LEJEUNE, ingénieur. Nouvelle édition, revue par H. de GRAFFIGNY. 1 beau volume in-16 de 280 pages et 57 figures dans le texte. Cartonné toile anglaise..... **7 fr. 50**

Chemins de fer (Voir TRAMWAYS).

Manuel pratique des Chemins de fer, par MM. BELLET et DARVILLÉ, 3 beaux volumes in-16, nombreuses figures dans le texte. Cartonnés toile anglaise   *(Sous presse)*.

  1re PARTIE : Concession. — Exploitation.
  2e PARTIE : Construction. — Voie.
  3e PARTIE : Matériel roulant.

Calcul des Voies. Partie théorique et Formules, par J. MARIDET, chef de section P.-L.-M., in-8º, 1876. — Prix réduit.......... **2 fr. 50**

Le Chemin de fer glissant de Girard et Barre, par M. MAX DE NANSOUTY, ingénieur des Arts et Manufactures (1890), 1 vol. in-12, 39 pages, 12 figures dans le texte. — Prix .... **1 fr 50**

Chimie pure et appliquée.

Dictionnaire de Chimie industrielle, contenant toutes les applications de la Chimie à l'Industrie, à la Pharmacie, à la Métallurgie à l'Agriculture, à la Pyrotechnie et aux Arts et Métiers, avec la traduction russe, anglaise, allemande, espagnole et italienne des principaux termes techniques, par M. A.-M. VILLON, ingénieur-chimiste, professeur de technologie chimique, et par M. P. GUICHARD, Président de la Société de Pharmacie, Membre de la Société chimique de Paris; 3 beaux vol. in-4º, 2.300 pages, 1.200 figures. — Prix : broché...................... **75 fr.**
                                relié en 2 vol. demi-chagrin. **80 fr.**

On vend séparément : Le tome Ier, **30 fr** ; le tome II, **25 fr** ; le tome III, **25 fr.**
Un prospectus spécial est envoyé sur demande.

Revue de Chimie industrielle. Revue des produits chimiques, couleurs, teinture, métallurgie, distillerie, pyrotechnie, engrais, comestibles, analyses industrielles, électrochimie, réunis avec *la Revue de Physique et de Chimie et de leurs applications industrielles*, fondée par MM. SCHUTZENBERGER et LAUTH. — Les années 1890 à 1912 forment 23 beaux volumes in-4º. — Prix de chaque volume................. **15 fr.**
La collection complète, 23 volumes reliés demi-chagrin vert **345 fr.**
  Prix des abonnements (du 1er janvier de chaque année) :
  France et Colonies...................................... **12 fr.**
  Etranger... .... **15 fr.**
Spécimen gratuit à toute personne qui en fait la demande.

Formulaire général des Réactions et Réactifs chimiques et microscopiques,

comprenant les réactions et réactifs usités en analyse. Papiers réactifs et indicateurs. Procédés microscopiques de coloration simple, double ou triple des coupes ou préparations. Formules de solutions microbiologiques fixantes, clarifiantes, antiseptiques, décalcifiantes, désagrégeantes, etc. Formules de masses d'injection, d'inclusion, de montage, de ciments pour préparations, etc., par Raoul Roche; un beau vol. in-8°. Cartonné toile anglaise. — Prix....... **9 fr.**

Dictionnaire des Analyses chimiques.

Répertoire alphabétique des analyses de tous les corps naturels et artificiels, depuis l'origine de la chimie jusqu'à nos jours, second tirage augmenté de 400 analyses nouvelles, par Violette et J. Archambault, 2 gros volumes in-8°, à deux colonnes. Cartonné toile anglaise, 1860. — Prix réduit..... **8 fr.**

Principes de Chimie,

par Dimitri Mendéléeff, professeur à l'Université de Saint-Pétersbourg (édition française), par MM. Achkinasi et Carrion, avec préface par M. le professeur Armand Gautier, 2 volumes in-16, cartonnés toile anglaise.

Tome I. — L'étude de la chimie. — L'eau et ses combinaisons. — Composition de l'eau et hydrogène. — L'oxygène. — Ozone et peroxyde d'hydrogène. — Loi de Dalton. — Azote et air atmosphérique. — Composés hydrogénés de l'azote. — Molécules et atomes. — 1 volume in-16, nombreuses figures, 585 pages. — Prix.......................... **7 fr. 50**

Tome II. — Carbonate et hydrocarbures. — Chlorure de sodium. — Les Halogènes : chlore, brome, iode, fluor. — Potassium, rubidium, cesium, lithium. — Capacité calorique des métaux. — Similitude des éléments et Loi périodique. 1 vol. in-16, figures dans le texte, 499 pages **7 fr. 50**

Chocolat.

Manuel pratique du Chocolatier.

Le Cacaoyer et sa culture. — Examen et choix du cacao. — Aromates. — Fabrication du chocolat. — Mélange. — Broyage et finissage. — Installation d'une chocolaterie moderne. — Différentes sortes de chocolat. — Moulage et empaquetage. — Falsification. — Par L. de Belfort de La Roque; in-16, nombreuses figures. — Prix.................................... **4 fr. 50**

Combustibles (Voir Houille et Tourbe).

Étude sur les Combustibles

en général et sur leur emploi au chauffage par les gaz. — Historique. — Études des combustibles et des gaz qu'ils fournissent. — Anthracites et houilles. — Lignites. — Tourbe. — Bois. — Goudrons et huiles minérales. — Épuration des gaz et combustion. — Lavage et épuration des gaz. — Emploi des combustibles solides. — Production de la vapeur. — Dégénération et récupération. — Gazogènes en général. — Description des appareils. — Par M. Lencauchez, ingénieur civil; 1 volume, grand in-8°, 344 pages, 55 figures dans le texte et un atlas de 31 pl. in-folio. (1878). — Prix .... **16 fr.**

Fours à gaz et à chaleur régénérée, de M. Siemens, par F. Kranz, ingénieur des Mines, professeur de métallurgie à l'Université de Louvain, in-8°, 6 planches (publié à 10 fr). — Prix réduit. .... **5 fr.**

Conserves.

Manuel des Conserves alimentaires. Fruits, Légumes, Poissons, Gibier et animaux de boucherie, in-16, nombreuses figures, par R. de Noter. 2ᵉ édition. — Prix.................. .... **3 fr.**

Corne.

Manuel pratique du Travail Artistique de la Corne, par Joseph Pégat, professeur. — Un volume in-8,° avec 37 figures dans le texte. — Prix................................. .... **2 fr.**

Corps gras.

Les Corps gras. Huiles végétales, non-siccatives, siccatives. — Huiles animales, — Graisses végétales. — Graisses animales. — Suifs. — Cires. Matières grasses minérales. — Lubrifiants, etc. — Par A.-M. Willon, ingénieur-chimiste, in-16, figures dans le texte. (2ᵉ tirage) — Prix.. **6 fr.**

Couleurs (Voir Teinture et Vernis).

Nouveau Manuel du Fabricant de Couleurs. Couleurs industrielles, Couleurs fines, Emploi des couleurs. — Gouache. — Pastel, etc., par M. Coffignier, ingénieur-chimiste, 1 beau volume in-8°, avec figures. — Prix : broché................................. **10 fr.**
cartonné toile anglaise........................ **12 fr.**

Manuel pratique de la Fabrication des Couleurs. Matières premières employées dans la préparation des couleurs, essences, et vernis, par MM. R. Lemoine et Ch. du Manoir; 1 beau volume in-8°, 360 pages. — Prix................................. . **6 fr.**

Notions générales sur les Matières colorantes organiques artificielles, par Jules Mamy; 1 volume in-16, 72 pages. — Prix.. .... **1 fr. 50**

Diamant.

Fabrication synthétique du Diamant, par H. de Boismenu. Un beau vol. in-8° avec reproductions et grav. dans le texte (1913) **5 fr,**

Distillation. — Alcools. — Liqueurs.

Guide pratique du Distillateur. Fabrication des Liqueurs. Distillation. — Rectification. — Filtrage. — Tranchage. — Générateurs. — Matières sucrées. — Conserves. — Sirops. — Punchs. — Miels et Hydromels. — Fruits à l'eau-de-vie. — Boissons gazeuses. — Liqueurs de ménage. — Par Edouard ROBINET, (d'Epernay); 1 fort vol in-16, 424 pages. — Prix.. **5 fr**

Distillation. Traité ou Manuel complet, théorique et pratique, de la distillation de toutes les matières alcoolisables : grains, pommes de terre, vins, betteraves, mélasses, etc., contenant la description de tous les principaux appareils connus et en usage dans la pratique, par Charles STAMMER; 1 vol., grand in-8°, 452 pages, accompagné de 88 fig. dans le texte et de nombreux tableaux. Cart. toile anglaise, 1880.— Prix réduit **12 fr.**

Fermentation spontanée sans levure de bière. Travail de la mélasse de betteraves, par Jules KUNEMAN; in-8° (1892).. **2 fr. 50**

Fabrication de l'alcool. 1re PARTIE. — Distilleries agricoles, par E. ROBINET et G. CANU, 1 volume in-16, 55 figures, cartonné dos toile. — Prix.. **3 fr.**
2e PARTIE. — Tables de réduction et d'augmentation des degrés alcooliques, par P. DUSSERT; 1 volume in-16, cartonné dos toile.... **4 fr. 50**

Dorure, Argenture, etc. (Voir GALVANOPLASTIE).

Eaux.

Manuel pratique d'Analyse Micrographique des Eaux, par P. FABRE-DOMERGUE, directeur du Laboratoire de Zoologie maritime; in-16, 10 fig. — Prix.................................... **1 fr. 50**

Electricité.

Manuel pratique du Monteur-Electricien. Le Mécanicien-chauffeur-électricien. — Montage et conduite des installations électriques, etc., par J. LAFFARGUE, ingénieur-électricien, attaché au service municipal de contrôle des Sociétés d'électricité de la Ville de Paris. — Petit in-8°, cart. toile anglaise, 1.046 pages, 927 figures et 4 planches en couleurs. — Quinzième édition, revue entièrement, par L. JUMAU, ingénieur-électricien. — Prix.............. **10 fr.**

Catéchisme d'Électricité pratique. Premières leçons à la portée de tous. — Électricité statique. — Magnétisme. — Unités et mesures. Piles. — Accumulateurs. — Machines dynamo et magnéto-électriques. — Lampes et éclairage. — Téléphonie. — Sonneries. — Télégraphie. — Par Ernest Saint-Edme. — 1 volume in-16, avec 90 figures, cartonné dos toile, nouvelle édition. — Prix..................................... 2 fr. 50

TABLE DES CHAPITRES. — Chapitre I. Généralités sur l'électricité statique. — Chapitre II. Magnétisme. — Chapitre III. Unités et appareils de mesure. — Chapitre IV. Les piles électriques, — Chapitre V. Accumulateurs. — Chapitre VI. Les machines magnéto et dynamo-électriques. — Chapitre VII. L'éclairage et les Lampes électriques. — Chapitre VIII. Tableaux de distribution; conducteurs; installations de lignes. — Chapitre IX. Téléphonie. — Ch. X. Sonneries électriques. — Ch. XI. Télégraphie avec et sans fil.

Manuel pratique du Constructeur Electricien, par

MM. G. Pardini, Carabin et L. J., ingénieurs-électriciens. 1 beau volume in-16, 624 pages, 388 figures, cartonné toile anglaise. — Prix........ 10 fr.

Définitions. — Lois. — Unités. — Généralités. — Classification des machines. — Matériaux employés et leurs propriétés. — Examen des pertes dans la construction. — Refroidissement des machines. — Construction des noyaux magnétiques. — Construction des enroulements et isolements. — Construction de la partie mécanique. — Construction des parties accessoires. — Essais. — Mesures sur les machines. Installation d'une usine. — Calcul des parties mécaniques. — Calcul des parties électro-mécaniques. — Diagrammes.

L'Électricité industrielle à la portée de tous, par Cl. Créchet. ingénieur, Professeur du cours d'électricité de la ville du Havre.— 1 beau volume in-8°, 325 pages, 224 figures. — Prix. 2 fr. 50

Les Lampes électriques. Régulateurs. — Incandescence. — Par P. d'Urbanitzki. — Deuxième édition française, revue et augmentée, par Georges Fournier, ingénieur-électricien. — Un beau volume in-16 de 250 pages avec 126 figures dans le texte. — Prix............. 4 fr. 50

L'Électricité dans la Maison moderne, par Ernest Coustet, ingénieur-électricien. — Production du courant. — Eclairage. — Chauffage. — Moteurs domestiques. — Assainissement. — Sonneries. — Horloges. — Téléphone. — Paratonnerres. — 1 fort volume in-16, avec 185 figures. Cartonné dos toile. — Prix..................... 4 fr. 50

Les Compteurs d'Électricité, par Ernest Coustet. 1 beau vol. in-16 avec 56 figures dans le texte — Prix................... 2 fr. 50

Album de plans de pose d'Installations de la Lumière électrique, par H. DE GRAFFIGNY. — 32 planches hors-texte, avec explications. In-8°, cartonné dos toile, 2ᵉ édition. — Prix..... **3 fr. 50**

Album de plans de pose d'Installations téléphoniques, par H. DE GRAFFIGNY, 32 plans hors-texte, avec explications, in-8°, cartonné dos toile. — Prix...................... **3 fr. 50**

Album de plans de pose de Sonneries électriques et de Paratonnerres, par H. DE GRAFFIGNY, 32 plans hors-texte, avec explications, in-8°, cartonné dos toile. — Prix........... **2 fr. 50**
Les trois albums ci-dessus, pris ensemble.................. **9 fr.**

Manuel pratique de l'installation de la Lumière électrique, par J.-P. ANNEY, ingénieur-électricien.
1ʳᵉ PARTIE. — Installations privées. — Troisième édition. — 1 beau vol. in-16 de 344 pages, avec 135 figures dans le texte. — Prix......... **5 fr.**

2ᵉ PARTIE. — Stations centrales. — 1 beau volume in-16, avec 99 fig. dans le texte et 10 planches, dont 8 en couleurs. — Prix.......... **7 fr.**

Manuel de l'Apprenti et de l'Amateur électricien.
Cinq volumes in-16, cartonnés dos toile, avec de nombreuses figures dans le texte, par MM. MARIE ZÉDA et DE GRAFFIGNY.

1ʳᵉ PARTIE. — **Principes d'électricité. Machines électriques :** Historique. — Courant. Electrochimie. — Magnétisme. — Electromagnétisme. — Capacité. — Unités de mesure. — Machines magnéto et dynamo électriques. — Courants alternatifs, etc., 2ᵉ édition, par R. MARIE; in-16, fig. 1 à 104. — Prix.................................... **2 fr.**

2ᵉ PARTIE. — **Sonneries électriques, Paratonnerres :** Sonneries, Mécanisme. — Les piles. — Installation des sonneries simples, tableaux indicateurs. — Lignes aériennes. — Paratonnerres, etc., 2ᵉ édition, par H. ZÉDA; in-16, figures 105 à 203. — Prix...................... **2 fr.**

3ᵉ PARTIE. — **Téléphonie pratique :** Historique du téléphone. — Matériel et appareillage pour les lignes téléphoniques. — Les téléphones domestiques. — La téléphonie à grande distance. — Installation des réseaux téléphoniques. — Les bureaux téléphoniques centraux. — Défauts et réparations, etc., 2ᵉ édition, par H. ZÉDA. In-16, figures 204 à 285. — Prix. **2 fr.**

4ᵉ PARTIE. — **Tramways et Chemins de fer électriques :** généralités sur la traction électrique. — Traction par prise de courant électrique. — Système moteur. — Traction par accumulateur. — Traction par système générato-moteur. — Chemins de fer à traction électrique. — Traction par unités multiples. — Métropolitain de Paris. — Traction par courants alternatifs. — Traction électrique sur routes. — Chemin de fer électrique suspendu, par R. MARIE. In-16, fig. 286 à 317. — Prix..... **2 fr.**

5ᵉ PARTIE. — **Éclairage électrique dans les appartements :** De l'éclairage électrique en général. — Production et mesure de l'électricité. — L'éclairage électrique par les piles. — Installations de lumière sur secteurs. — Les lampes électriques portatives. — Éclairage électrique domestique par les machines. — Installations d'éclairage particulier, etc., par H. DE GRAFFIGNY. In-16, figures 318 à 386, 3ᵉ édition. — Prix.............. **2 fr.**

Câbles d'Éclairage électrique et Distribution de l'Électricité,

par STUART A. RUSSEL. — Traduit avec l'autorisation de l'auteur par G. FORMENTIN. — 1 fort volume in-16, avec 108 figures dans le texte. Cartonné toile anglaise — Prix.................... **6 fr.**

Aide - Mémoire de l'Ingénieur-Électricien.

Recueil de tables, formules et renseignements pratiques à l'usage des électriciens, par G. DUCHÉ, B. MARINOVITCH, E. MEYLAN et G. SZARVADY. — Sixième tirage, augmenté par P. JUPPONT, ingénieur des arts et manufactures. — 1 beau volume in-16, nombreuses figures intercalées dans le texte, cartonné toile anglaise. — Prix................................. **6 fr.**

Terminologie électrique.

Vocabulaire français, anglais, allemand, des termes employés en électricité, par G. FOURNIER, ingénieur-électricien (1887), 1 vol. in-12, 40 pages. — Prix.................. **1 fr.**

Les Applications de l'Électricité,

par Th. DU MONCEL, ingénieur-électricien (1885), 4 vol. in-8°, nombreuses figures dans le texte. Cartonné. 1re et 2e parties : Technologie électrique ; 4e partie : Applications mécaniques de l'électricité. Les 3 volumes (publiés à 50 fr.) Prix réduit.................................... **12 fr.**

Manuel de Construction et d'emploi des Machines et Appareils électriques,

par A. LUZY, professeur à Lille, 1 volume in-8°, figures dans le texte. — Prix................................ **6 fr.**

Électrolyse (Voir GALVANOPLASTIE).

L'Électrolyse et l'Électro-Métallurgie,

par Édouard JAPING, ingénieur-électricien, — 3e édition française, augmentée d'un appendice sur l'électro-métallurgie à l'exposition de 1900, par L. GUILLET, ingénieur-chimiste, 1 volume in-16 illustré de nombreuses figures dans le texte. — Prix.. **4 fr**

Encres et Cirages.

Fabrication des Encres et Cirages.

Encres à écrire, à copier, métalliques, à dessiner, lithographiques. — Cirages, vernis et dégras. — Encres à écrire. — Matières premières. — Constitution chimique. — Fabrication des encres à l'acide tannique. — Encres à l'acide gallique.— Encres au campêche — Encres au sesquioxyde de fer. — Encres à l'alizarine. — Encres de matières extractives. — Encres à copier. — Encres hectographiques — Encres de sûreté. — Extraits d'encres et encres en poudre. — Conservation de l'encre. — Encres de couleur. — Encre métallique. — Encres solides. — Encres et crayons lithographiques. — Crayons autographiques. — Crayons d'encre. — Crayons de couleur. — Encre à marquer. — Encres spéciales. — Encres sympathiques.— Encres pour timbres et tampons. — Bleu d'azurage du linge. — Fabrication du cirage pour chaussures, des vernis, et de la graisse pour le cuir. — Fabrication du noir d'os. — Fabrication du dégras. — Deuxième Édition française, par Desmarest, d'après Lehner et Brunner. — 1 vol. in-16 de 345 pages. — Prix.. **5 fr.**

Ferblantier.

Manuel théorique et pratique du Ferblantier, par
Ortlieb, professeur de dessin industriel, contre-maître d'usine, in-8° 297 figures dans le texte. — Prix................................. **6 fr.**

Galvanoplastie, Dorure, Argenture. (Voir Electrolyse).

Manuel pratique de Dorure-Argenture, Nickelage et Coloration des métaux, par J. Ghersi et P. Conter. Édition
française par A. Gayet, ancien Professeur de l'Université. — Cuves. — Moulages. — Métallisation des substances non conductrices. — Polissage des métaux. — Dorure. — Argenture galvanique. — Nickelage. — Cuivrage. — Platinage. — Le Fer. — Étamage. — Aluminage. — Plombage. — Zingage. — Antimonage et autres métaux. — Alliages. — Coloration des métaux. — Produits employés en galvanoplastie, etc. — Un beau volume in-8 de 255 pages et figures. — Prix.................... **4 fr 50**

Manuel de Galvanoplastie et d'Émaillage. Dorure, ar-
genture, cuivrage, nickelage, étamage, coloration, émaillage des métaux, par Georges Brunel; 1 volume in-16, avec 28 figures dans le texte. 3e édition — Prix .... **3 fr.**

La Galvanoplastie. Histoire et procédés. — Dorure. — Argenture.
— Nickelage. — Photogravure sur zinc et cuivre à la portée des amateurs, par Paul Laurencin. — 1 vol. in-16, 5e édition, cartonné dos toile **3 fr.**

Géodésie (Voir Mines).

Manuel pratique de Géodésie, par G. Dallet, du Service géo-
graphique de l'Armée; in-16, fig. dans le texte. — Prix........... **4 fr.**

Goudrons.

Étude sur les Goudrons et leurs nombreux dérivés,
par Knab, ingénieur-chimiste, grand in-8° de 102 pages avec 8 figures (1884). — Prix.. **3 fr.**

Horlogerie.

L'Horlogerie électrique, par A. Tobler, professeur à l'École
Polytechnique de Zurich, 2e édition française revue et augmentée, par L. de Belfort de La Roque, ingénieur civil, 1 vol. in-16, avec 65 figures dans le texte. — Prix........................ .... **3 fr.**

Hydraulique, Turbines.

Les Fontaines lumineuses à l'Exposition de 1889,

par Delannoy, ingénieur, in-8°, 1889, nombreuses figures. — Prix   0 fr. 75

Construction des Turbines et des Pompes centrifuges,

par Lucien Vallet, ingénieur constructeur. — 1 volume in-8° et atlas de 15 planches (1875). — Prix.................................... **15 fr.**

Ingénieur.

Carnet de l'Ingénieur.

Recueil de tables, de formules et de renseignements usuels et pratiques sur l'industrie, chimie, physique, mécanique, machines à vapeur, hydraulique, résistance, frottements, etc., à l'usage des ingénieurs, des constructeurs, des architectes, des chefs d'usines, des mécaniciens, des directeurs et conducteurs de travaux, des agents-voyers, des manufacturiers et des industriels; par une réunion d'ingénieurs et de savants français et étrangers (Carnet Lacroix); 1 vol. in-16, cartonné dos toile, format de poche, 400 pages petit texte compact, avec nombreuses figures, etc. — 53e tirage. — Prix. **4 fr. 50**

Lait, Lactose.

Industries du Lactose et de la Caséine végétale du Sojà.

— Industrie du Lactose. — Généralités sur la chimie du lactose. — Généralités sur les traitements industriels du lait. — Fabrication industrielle du lactose. — Installation d'une usine de lactose. — Le lait végétal, la caséine végétale et les produits retirés des graines de Soja. — Le lait végétal. — Le fromage végétal. — La Caséine végétale industrielle. — Installation d'une usine pour le traitement intégral des graines de Soja, etc, par Francis J. G. Beltzer, Ingénieur-chimiste. Un volume in-8 de 145 pages et 34 figures. — Prix................. **5 fr.**

Laiterie, Beurre et Fabrication des Fromages.

Lait. — Analyse. — Conservation. — Écrémage. — Barratage. — Beurre. — Conservations. — Fromages mous, frais, affinés, cuits, etc., 2e édition, par E. Rigaux, professeur à l'École d'Agriculture de Mende, 320 pages, 73 figures. -- Prix.................................... **3 fr**

Mécanique et Machines.

Cours de Chaudières et de Machines à vapeur.

Théorie et pratique, par L. Poillon, ingénieur mécanicien (1877), avec supplément (1879), 2 beaux volumes in-8°, 687 pages et 14 planches. — Publié à **30 fr.** — Réduit à...................... **7 fr. 50**

Le Frottement, le Graissage des Machines et les Lubrifiants,

par R. H. Thurston, professeur à l'Université de New-York, 2e édition française; 1 vol. in-16, avec figures dans le texte. **4 fr.**

Manuel pratique de Laminage du Fer. Principe du laminage. — Influence du diamètre des cylindres. — Influence de la vitesse. — Influence de la nature, de l'état calorique et de la manière dont on présente le fer aux cylindres. — Application des principes du laminage. — Classement des trains de laminoirs. — Règle du tracé des cannelures. — Classification des trains de laminoirs. — Trains de puddlage. — Gros train n° 1. — Gros train n° 2. — Train cadet. — Train à guides. — Train mixte. — Train machine. — Généralités sur les cylindres. — Classification des cylindres. — Lignes des cannelures. — Entrée des cannelures. — Sortie des cannelures. — Guidage des cylindres. — Levage des cylindres. — Montage des cylindres dans les cages. — Guidage du fer à l'entrée et à la sortie des cylindres. — Tracé des cannelures. Par F. Neveu et L. Henry, ingénieurs-métallurgistes ; 1 volume in-16, avec 6 figures et 10 tableaux et atlas de 117 planches in-folio. Prix.. .... **40 fr.**

Montage des Machines, par P. Blancarnoux : Fondations. — Chaudières. — Cylindres et Compléments. — Pistons et Tiroirs. — Bielles et Manivelles. — Arbres et dérivés. — Tuyaux. — Joints. — Accessoires. — Arbres et supports. — Engrenages et Poulies. — Courroies et Câbles. — Chaudières. — Machines. — Auxiliaires. — 1 vol. in-16 de 154 pages, 135 figures. — Cartonné dos toile. — Prix.............. **2 fr.**

Éléments proportionnels de Constructions mécaniques, disposés en séries propres à faciliter l'étude et l'exécution des diverses pièces détachées des constructions mécaniques, par D.-A. Casalonga, ingénieur civil, ancien élève des Arts et Métiers; 1 vol. cartonné, grand in-4°, texte et 64 planches. (1874) — Prix réduit......... **7 fr. 50**

Des Régulateurs appliqués aux Machines à vapeur, par V. Lebeau, in-8°, 10 figures (1890). — Prix................... **2 fr.**

Incrustation des Chaudières à vapeur et divers moyens de la combattre, par A. Brull et A. Langlois, in-8°, 104 pages, 5 planches, (1870). — Prix réduit................................ **2 fr.**

Traité pratique de Filetage, à l'usage de tous les mécaniciens, par J. Cady, 12e édition. — Prix................... **2 fr. 25**

Méthodes de Calculs applicables aux diagrammes des machines à vapeur, avec tables de densités et de volumes de la vapeur sous différentes pressions, par Queruel (A.), ingénieur civil, 1 vol. in-8°, 1881.—Prix **2 fr.**

Études expérimentales sur l'effet utile dans le Martelage, par E. Deny, ingénieur aux Forges de Monterhausen, ancien élève de l'école de Châlons. 1 volume in-8° avec nombreuses figures et planches, 1875. — Prix................................ **2 fr.**

Manuel de l'Ouvrier Mécanicien. 10 vol. in-16 avec nombreuses figures dans le texte, par M. Georges Franche, ingénieur-mécanicien (Arts et Métiers, E. C. P.).

1re Partie. — *Principes de mécanique générale :* Statique, Cinématique, Dynamique, Théorie de la chaleur. — In-16 : figures 1 à 95, 3e édition. Cartonné dos toile, — Prix................*................. **2 fr.**

2e Partie. — *Outils, Machines-Outils :* Travail du bois. — Travail des métaux. — In-16, figures 96 à 174, 3e édition. Cartonné dos toile. — Prix.................... **2 fr.**

3e Partie. — *Forge et Fonderies, Soudure autogène :* Travail du fer. — Travail du cuivre. — In-16, 200 figures, 3e édition. Cartonné dos toile. — Prix........ **2 fr.**

4e Partie. — *Engrenages et Transmissions :* Engrenages cylindriques, coniques, hélicoïdaux. — Transmissions fixes. — Arbres. — Poulies. — In-16, fig. 318 à 406, 3e édition. Cartonné dos toile. Prix **2 fr.**

5e Partie. — *Boulons, Rivets, Chaudronnerie :* Assemblage. — Filetage et taraudage. — Chaudronnerie de fer. — Chaudronnerie de cuivre. — Chaudières. — In-16, figures 407 à 573, 2e édition. Cartonné dos toile. — Prix................... **2 fr.**

6e Partie. — *Machines à vapeur :* Principes. — Fonctionnement. — Machines à vapeur. — Turbo-moteurs. — Conduite. — Graissage. — — Régulateurs. — Précautions générales. — Figures 574 à 700, 3e édition. Cartonné dos toile. — Prix................................... **2 fr.**

7e Partie. — *Moteurs fixes à gaz et à pétrole :* Historique. — Théorie. — Moteurs divers à pétrole. — Moteurs à gaz pauvres. — Moteurs spéciaux. — Moteurs à combustibles quelconques. — Figures 701 à 801, 3e édition. Cartonné dos toile. — Prix........................ **2 fr.**

8e Partie. — *Moteurs hydrauliques, Roues, Turbines, Pompes :* Théorie et généralités. — Roues hydrauliques. — Tracés. — Roues diverses. — Turbines, Dispositions générales, Turbines diverses. — Pompes à pistons, Pompes centrifuges. Figures 802 à 872, 2e édition. Cartonné dos toile. — Prix.................................... **2 fr.**

9e Partie. — *Technique du Tourneur et du Fileteur.* — Tour d'horloger. — Tour simple ou Bidet. — Petits tours de précision. — Tours simples à engrenages. — Outils de tour. — Tour parallèle. — Perçage. — Alésage. Filetage. — Filetage à la main. — Filetage mécanique. — Filetage à 2, 4, 6 et 8 roues. — Pas anglais. — Repères du filetage — Vis à plusieurs filets. — Aciers rapides. — Accessoires du tour. — Tour revolver. — Tour vertical. — Tour à repousser. — Tour à bois. — 285 figures. Cartonné dos toile. — Prix.................................... **3 fr.**

10e Partie. — *Dessin mécanique d'atelier.* — Lecture d'un dessin. — Outillage d'un dessinateur. — Croquis. — Dessin d'atelier. — Dessin mécanique. — Tracés. — Teintes. — Ecritures. — Tirage et reproduction des plans. — 243 figures. Cartonné dos toile. — Prix............ **3 fr.**

Les 10 volumes pris ensemble. Prix................................ **20 fr.**

Manuel du Mécanicien de la Marine, par J. GALOPIN, Directeur de l'École des Mécaniciens de la Marine marchande, 4 beaux volumes in-16, nombreuses figures dans le texte.

1re PARTIE. — Les Chaudières marines. — Théorie sommaire de la vaporisation. — Alliages divers. — Généralités sur les chaudières. — Chaudières et tubes de fumée — Chaudières aquatubulaires. — Chaudières multitubulaires. — Chauffage au pétrole, etc. — Cartonné dos toile.
Prix.. **3 fr.**

2e PARTIE. — Conduite et entretien des chaudières.
3e PARTIE. — Machines marines. } *(Sous presse).*
4e PARTIE. — Conduite et entretien des machines.

Mines. — Minéralogie. — Marbre.

Manuel pratique du Prospecteur. — Guide du Prospecteur et du voyageur pour la recherche des métaux et des minéraux précieux, par J.-W. ANDERSON. — 2e édition française, d'après la huitième édition anglaise, par J. ROSSET, ingénieur civil des Mines. — In-16, 73 figures dans le texte. Cartonné toile anglaise. — Prix......................... **5 fr.**

Manuel pratique de l'Exploitation des Mines.
Vocabulaire Anglais, Français, Espagnol des termes usités dans l'industrie minière. — Législation des mines. — Travaux de recherches. — Prospection. — Différentes sortes de sondage. — Fonçage des puits. — Méthodes d'exploitation. — Ventilation. — Aérage. — Cloisonnement. — Abattage. — Explosifs. — Lampes de sûreté. — Perforatrices mécaniques. — Abattage mécanique. — Soutènement. — Bois de mines. — Roulage. — Traînage. — Câbles transporteurs aériens. — Extraction. — Machines d'extraction. — Epuisement. — Machines d'hexhawe. — Traitement du minerai. — Préparation mécanique des minerais. — Lavage des charbons. — Fours à coke. — Prescriptions de sécurité. — Outils de mineurs, etc., par D. LUPTON et P BELLET, ingénieurs des mines. 1 beau vol. in-16 de 569 p , 512 fig. Cart. toile angl. — Prix...... **10 fr**

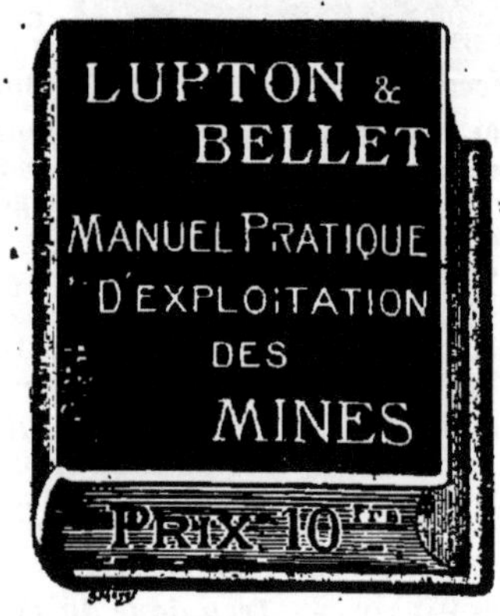

Cours de Minéralogie professé à l'École Centrale, par DE SELLE, professeur à l'École Centrale. — Minéralogie; phénomènes actuels; description de toutes les espèces et variétés minérales considérées comme indiscutables et classées par familles; 1 fort volume de 585 pages in-8e et 1 atlas de 147 planches comprenant 978 figures et 27 tableaux. (Publié à 25 fr.) — Prix réduit..................... **7 fr. 50**

Étude pratique sur l'Industrie des Marbres en France, par TOURNIER, in-8e broché, 60 pages. (1869)......... **3 fr.**

Naturaliste.

Manuel pratique du Naturaliste-Empailleur. — La Taxidermie à la portée de tous. — Dépouillement des oiseaux. — Bourrage et montage des oiseaux. — Dépouillement et mise en peau des mammifères. — Têtes d'animaux avec cornes, polissage et montage des cornes. — Dépouillement, bourrage et moulage des poissons. — Conservation, nettoyage et teinture des peaux. — Conservation des insectes et des œufs d'oiseaux. — boîtes pour les spécimens empaillés, par P. HASLUCK et L. GRUNY. 1 volume in-8° de 128 pages et 108 gravures. — Prix .... **3 fr.**

Navigation sous-marine.

La Navigation Sous-Marine. Bateaux sous-marins historiques. — Bateaux sous-marins actuels; par A.-M. VILLON. — 1 volume in-16, 11 figures. — Prix.. **1 fr. 50**

Or (VOIR MINES).

L'Or. Gîtes aurifères. Extraction de l'Or. Traitement du minerai. — Emplois et analyse de l'or. — Vocabulaire des termes aurifères. — Par H. DE LA COUX, ingénieur-chimiste; 1 beau volume in-16, nombreuses figures dans le texte. — Prix......................... **5 fr.**

Une Région aurifère dans l'Afrique occidentale. — Les territoires miniers du bassin de la Falémé, par EUG. ACKERMANN, ingénieur civil des Mines, 1 vol. in-12, 120 pages. — Prix..................... **3 fr. 50**

Papier.

Manuel pratique du fabricant de Papiers. — Cellulose Matières premières employées dans la fabrication du papier. — Raffinage. — Collage. — Coloration. — Pigments et charges. — Pâtes de bois mécanique. — Formation du papier. — Fabrication du papier en continu. — Apprêts du papier. — Papiers divers. — Fabrication du carton. — L'eau dans la fabrication du papier. — Examens des papiers et des produits employés dans leur fabrication, etc. par A. WATT. Edition française revue et augmentée, par L. DESMAREST, directeur d'usine. — 1 vol. in-8° avec 114 figures dans le texte. Cartonné toile anglaise.... **10 fr.**

Parfumerie (Voir Savons).

Manuel du Parfumeur. Odeurs, essences, extraits et vinaigres de toilette, poudre, sachets, pastilles, émulsions, pommades, dentifrices; par W. Askinson; 2ᵉ édition française, par G. Calmels. — Histoire de la parfumerie. — Matières odorantes en général. — Matières odorantes extraites du règne végétal. — Matières animales. — Produits chimiques. — Préparation des matières odorantes. — Des falsifications des huiles essentielles. — Essences et extraits. — Parfumerie proprement dite. — Parfums de mouchoirs. — Parfums ammoniacaux. — Des parfums secs. — Pastilles fumigatoires. — Parfumerie cosmétique et hygiénique. — Préparation des émulsions, des poudres des pâtes, du lait végétal et des crèmes. — Des préparations employées pour l'hygiène des cheveux et de la bouche. — Parfumerie cosmétique. — Fards et produits servant à embellir la peau. — Préparation pour colorer les cheveux et préparations épilatoires. — Cires, bandolines et brillantines. — Des couleurs employées en parfumerie. — 1 fort volume in-16 avec 30 figures dans le texte. — Prix... **6 fr.**

Pêche.

Fabrication et emploi des Filets de pêche, par le commandant Vannetelle ; 1 vol. in-16, 64 figures. — Prix........... **3 fr.**

Nouveau manuel pratique du Pêcheur à la ligne. Matériel du pêcheur — Travaux pratiques du pêcheur. — Les amorces. — Esches ou appats. — Différents genres de pêche à la ligne. Pêche particulière de chaque poisson. — Pêche en mer. — Législation de la pêche, par G. Lanorville, avec préface de R. de Saint-Aroman, 1 vol. in-8° colombier, 170 pages, 136 figures. — Prix........... **3 fr.**

Pétrole.

Le Pétrole et ses applications, par Henry Deutsch (de la Meurthe). — Notions générales. — Géographie. — Notions historiques. — Exploitation des gisements. — Physique et chimie. — Technologie.— Propriétés physiques. — Etude chimique des huiles minérales. — Les huiles minérales en général. — Action de la chaleur. — Etude particulière des huiles minérales suivant leur provenance. — Essai des huiles minérales. — Technologie du pétrole. — Traitement des pétroles américains. — Traitement des huiles russes. — Application. — Chauffage au pétrole. — Production de la force motrice. — Graissage — Applications industrielles diverses. — In-8°, 313 pages, 74 figures.

Prix : Broché.......... **5 fr.** — Cartonné............ **6 fr.**

Phonographe.

Le Phonographe et ses applications, par A.-M. Villon, ingénieur. — 1 vol. in-16, avec 36 figures dans le texte. — Prix....... **2 fr.**

Photographie.

Manuel de Photographie en Couleurs sur plaques à filtres colorés, par Ed. Coustet, in-8°. — Prix.......... 2 fr. 50

Encyclopédie de l'Amateur - Photographe, par MM. G. Brunel, P. Chaux, E. Forestier et A. Reyner. 10 volumes in-16, près de 500 figures dans le texte. — Prix réduit (les 10 volumes). 10 fr.

Matériel et laboratoire, Brunel et Forestier, 1 fr. — Le sujet; temps de pose, Brunel, 1 fr. — Clichés négatifs, Brunel et Forestier, 1 fr. — Epreuves positives, Brunel, 1 fr. — Insuccès et retouche, Brunel. 1 fr. — Photographie en plein air, Brunel et Chaux, 1 fr. — Portrait dans les appartements, Reyner, 2 fr. — Agrandissements et projections, Brunel, 1 fr. — Objectifs et Stéréoscopie, Brunel, 1 fr. — Photographie en couleurs, Brunel, 1 fr.

Le Portrait dans les appartements. — Disposition et éclairage. — Les objectifs. — La mise au point. — Les écrans. — La pose et le maintien du modèle. — Différents procédés. — Conduite des opérations, par A. Reyner. — Un beau vol. in-16, 35 figures. 3e édition, revue et augmentée. — — Prix................................ 2 fr.

Physique.

Température et Énergie. Essai sur une équation de dimensions de la température, ses conséquences thermiques, ses corrélations avec les autres formes de l'énergie, par P. Juppont. 1 volume in-16, 97 pages, 1899. — Prix................................ 2 fr. 50

La Chaleur. Leçons élémentaires sur la thermométrie, la calorimétrie, la thermodynamique et la dissipation de l'énergie, par J. Clerk Maxwell F. R. S., édition française d'après la 8e édition anglaise, par G. Mouret, ingénieur des ponts et chaussées, avec préface de M. A. Potier, membre de l'Institut, in-16, figures dans le texte. — Prix... 6 fr.

Piles (Voir Accumulateurs-Électrolyse).

Les Piles électriques et les Piles thermo-électriques, par W. Hauck. — Troisième édition française, par G. Fournier, ingénieur-électricien. — 1 fort vol. in-16, orné de 71 fig. dans le texte. Prix. 4 fr. 50

Piles aux Bichromates. Applications industrielles des résidus provenant des piles aux bichromates, par Georges Fournier, ingénieur-électricien (1889), 1 vol. in-12, 58 pages. — Prix............ 1 fr. 50

Ponts.

Recueil pratique des Moments d'Inertie, à l'usage des ingénieurs et des constructeurs ayant à calculer ou à vérifier les conditions de résistance de tabliers métalliques, suivi de courbes graphiques représentant par mètre superficiel et suivant les portées, le poids moyen des différents tabliers métalliques établis sur les lignes du Nord, par H. Forest, ingénieur civil, chef du bureau des études du matériel des voies et des ouvrages métalliques au chemin de fer du Nord, ancien élève et répétiteur du cours de travaux publics à l'École Centrale des Arts et Manufactures. — 1 volume in-8°, 1877. — Prix.................... **4 fr.**

Traité de Construction de Ponts. Les poutres droites considérées au point de vue des forces extérieures, par D.-E. Winckler, traduit de l'allemand par M. Ch. d'Espine, ingénieur, ancien élève de l'Ecole polytechnique, de Zurich. — Grand in-8°, 252 pages, 123 figures dans le texte et 7 planches. (1872). — Prix.................... **8 fr.**

Le Portugal.

Le Portugal moderne. Etude intime des conditions industrielles du pays, par E. Ackermann, ingénieur civil des Mines. L'Industrie et le Commerce, 125 pages. — Prix.................... **2 fr.**

Radiographie.

Le Radium. La Radioactivité. — Rayons Becquerel. — Le Radium. — Propriétés physiques, physiologiques et chimiques. — Origines du rayonnement, etc., in-8° avec figures, par Jean Escard. — Prix... **3 fr.**

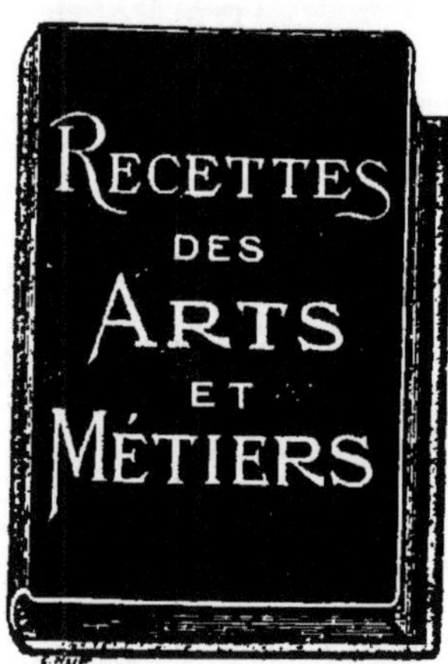

Manuel pratique de Radiographie. Pratique des rayons X, par G. Brunel. — 1 vol. in-16, 56 fig., 3me édition. — Prix......... **1 fr. 50**

Recettes.

Les meilleures Recettes pratiques, par Daniel Bellet.

1er volume. — *Recettes de la vie domestique*, 740 recettes. — Prix : cartonné dos toile.............. **2 fr.**

2me vol. — *Recettes de la Ferme et du Château.* 670 recettes. — Prix : cartonné dos toile.............. **2 fr.**

3me vol. — *Recettes des Arts et Métiers.* 530 recettes — Prix : cartonné dos toile.................... **2 fr.**

Savons (Voir Bougies).

Manuel pratique du Savonnier. *Savons communs, savons de toilette, mousseux, transparents, médicinaux, pâtes et émulsions, analyse des savons*, par MM. Calmels et Wiltner, chimistes. — 1 vol. in-16, 26 figures, 3ᵐᵉ édition française. — Prix.................. **4 fr.**

Extrait de la Table des Chapitres : Historique des savons. — Réaction fondamentale de la saponification.— Des matières employées pour la fabrication des savons. — Préparation des lessives alcalines. — Fabrication du savon. — De la saponification en général. — Classification des savons. — Fabrication des diverses sortes de savons. — Savons médicinaux. — Moulage des savons. — Tableaux de cuisson. — Fabrication des savons par la vapeur. — Fabrication des savons de toilette. — Préparation de la masse destinée à la fabrication des savons de toilette. — Description des machines employées pour la fabrication des savons de toilette. — Couleurs et substances colorantes. — Recettes pour la préparation des savons de toilette. — Analyse des savons.

Scieries (Voir Bois).

Soie.

La Soie artificielle. Cellulose. — Soie à base d'alcool, d'acide acétique, d'hydrate de cuivre, de chlorure de zinc, de viscose. — Procédés divers. — Conclusion, par P. Willems, ingénieur des Arts et Manufactures, in-8°. — Prix .... **4 fr.**

Manuel pratique de la Soie. Éducation des vers. — Filage des cocons. — Cuite. — Assouplissage. — Blanchiment. — Filature des déchets. — Moulinage. — Conditionnement des soies. — Teinture et dorure de la soie.— Par A. Villon, ingénieur à Lyon ; 1 fort volume in-16, nombreuses figures dans le texte. — Prix....................... **6 fr.**

Sonneries Électriques (Voir Électricité).

Les Sonneries électriques. Installation et entretien, par Georges Fournier, ingénieur-électricien, d'après O. Cantor. — Cinquième édition, revue et corrigée. — 1 volume in-16, avec 59 figures dans le texte. — Prix .... **2 fr. 50**

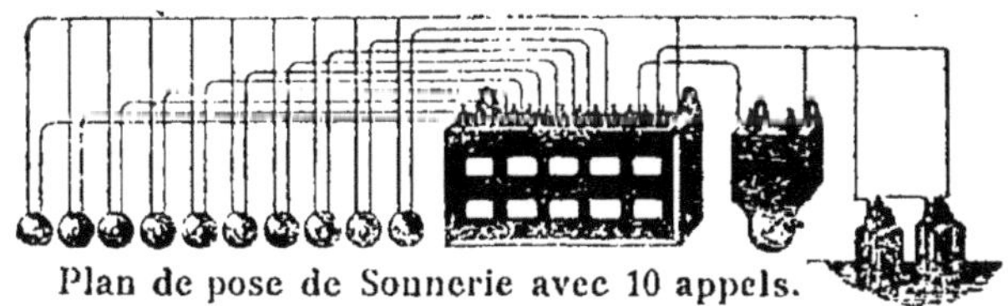

Plan de pose de Sonnerie avec 10 appels.

Extrait de la Table des Matières. — Préface. — Unités électriques.— Introduction. — Les sonneries électriques employées aux usages domestiques. — Les appareils avertisseurs automatiques. — Installation et pose des circuits et appareils. Règles à observer. — Exemple de pose et d'installation. — Calcul des intensités de courant nécessité dans la pratique. Exemples. — Les sonneries électromagnétiques.

Album de plans de pose de Sonneries électriques et de Paratonnerres, par H. DE GRAFFIGNY, 32 plans hors texte, avec explications, in-8°, cartonné dos toile. — Prix......... **2 fr. 50**

Sonneries électriques, Paratonnerres. Sonneries, Mécanisme. -- Les piles. — Installations des sonneries simples, tableaux indicateurs. — Lignes aériennes. — Paratonnerres, etc., par H. ZÉDA. In-16, 98 figures. Cartonné dos toile. — Prix.................... **2 fr.**

Soude.

La Soude Electrolytique. — Théorie. — Laboratoire. — Industrie. — Problème de la soude électrolytique. — Tension de décomposition. — Le phénomène de Hittorf. — Théorie des électrolyseurs à diaphragmes. — L'anode. — Le diaphragme. — Méthode avec diaphragmes. — Méthode avec circulation. — Méthode avec cathode de mercure. — Méthode par fusion ignée. — Technique de l'électrolyse. — Elaboration du chlore. — Elaboration des alcalis. — Utilisation de l'hydrogène. — Prix de revient. — Etat actuel de l'industrie des alcalis électrolytiques, par André BROCHET, docteur ès-sciences. — 1 volume in-8° de 274 pages et 60 figures dans le texte. — Prix, broché .... **10 fr.**

Sucre.

Fabrication du Sucre (Traité complet théorique et pratique de la). — Guide du fabricant, par le Dr Charles STAMMER ; 1 volume gr. in-8° 718 pages avec 165 figures, nombreux tableaux dans le texte et 3 planches (1875). Cartonné toile anglaise. — Prix........................ **20 fr.**

Manuel pratique de Diffusion. Historique. — Théorie. — Diffusion. — Contrôle. — Rendements. — Devis. — Installation, par ELIE FLEURY et ERNEST LEMAIRE. — In-8° (1880). — Prix réduit ... **3 fr.**

Tabac.

Tabac. Description historique, botanique et chimique. — Climat. — Culture. — Frais. — Produits. — Mode de dessiccation. — Séchoirs. — Conservation. — Commerce ; par V.-P.-G. DEMOOR. — In-18, 130 pages, 20 figures. — Prix.. **2 fr.**

Teinture. — Blanchiment.

Manuel pratique du Teinturier. Matières colorantes, par J. Hummel, directeur du Collège de Teinture de Leeds. Edition française, par M. F. Dommer, professeur à l'Ecole de physique et de chimie industrielles. — 1 fort vol. in-16, 80 figures dans le texte. — Prix... **7 fr. 50**

Traité de la teinture des Tissus et de l'impression du Calicot, comprenant les derniers perfectionnements apportés dans la préparation et l'emploi des couleurs d'aniline. Ouvrage illustré de gravures sur bois et de nombreux échantillons d'étoffes, par le Dr Calvert, 1 vol. in-8°, 500 pages, cartonné toile. — Prix réduit.............. **5 fr.**

Télégraphie.

Manuel pratique de Télégraphie sans fil. — Notions de mécanique. — Electricité statique. — Etude sommaire du courant électrique utilisé en T. S. F. — Principaux appareils communs à l'électricité ordinaire et à la T. S. F. — Télégraphie. — Téléphonie. — Télégraphie sans fil. — Généralités. — Appareils et postes de réception. — Conduite et entretien d'un poste de T. S. F., par J. Galopin, ingénieur civil, Directeur de l'Ecole des mécaniciens de la Marine marchande de la Rochelle. — 1 volume in-16, 100 figures. Cartonné dos toile.... **3 fr.**

Traité de Télégraphie électrique. Cours théorique et pratique à l'usage des fonctionnaires de l'Administration des Lignes télégraphiques, des ingénieurs, constructeurs, inventeurs, employés des Chemins de fer, etc., etc., par E.-E. Blavier, inspecteur des Lignes télégraphiques. — 2 beaux volumes in-8° de 952 pages, avec 413 figures dans le texte (1867). Cart. toile anglaise. (Publié à 20 fr.) — Prix réduit **10 fr**

Téléphonie (Voir Électricité).

Manuel pratique du Téléphone. 1re partie. — Installations privées. — Téléphone. — Microphone et Radiophone, par Théodore Schwartze. — 4e édition française, par S. Fournier et D. Tommasi. — 1 vol. in-16, avec 153 figures dans le texte. — Prix................ **4 fr.**

2e partie. — Traité de téléphonie. — Installations industrielles à grandes distances, par le Dr V. Wietlisbach.— 1 vol. in-16, avec 123 figures dans le texte. — Prix.................................... **4 fr.**

Téléphonie pratique. Historique du téléphone. — Matériel et appareillage pour les lignes téléphoniques. — Les téléphones domestiques. — La téléphonie à grande distance. — Installation des réseaux téléphoniques. — Les bureaux téléphoniques centraux. — Défauts et réparations, etc., par H. ZÉDA. In-16, 81 fig. Cartonné dos toile.. **2 fr.**

Album de Plans de pose d'Installations téléphoniques, par H. de GRAFFIGNY, 32 plans hors texte, avec explications, in-8°, cartonné dos toile. — Prix.......... .... **3 fr. 50**

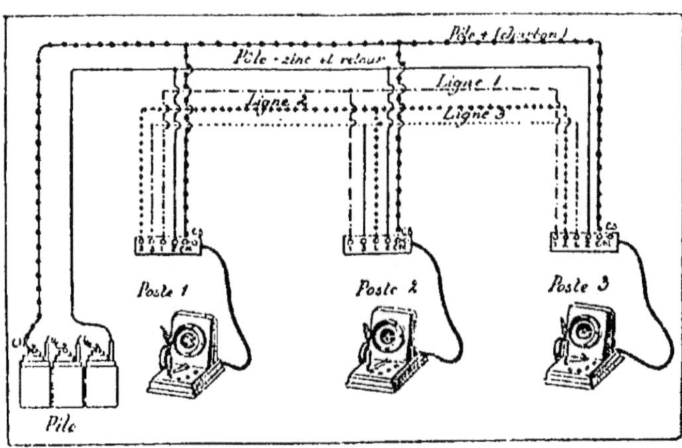

Tissage. — Laine. — Industries textiles.

Manuel de Filature, par J. DANTZER, professeur de Filature et de Tissage à l'Institut Industriel de Lille et à l'Ecole des Arts Industriels Roubaix.

1re PARTIE. — Mécanique et principes généraux de la filature des textiles. — In-16, 90 figures. — Cartonné dos toile. — Prix................ **2 fr.**

2e PARTIE. — Culture, rouissage, teillage et filature du lin. — In-16, figures 91 à 141. — Cartonné dos toile. — Prix.................... **2 fr.**

3e PARTIE. — Filature du lin. — In-16, figures 142 à 180. — Cartonné dos toile. — Prix .... **2 fr.**

Self-Acting. Métier à filer automate de PARR-CURTIS, par PARR-CURTIS, traduit et annoté par Paul DUPONT, professeur à l'Ecole de Tissage de Mulhouse, 1 volume grand in-8° avec 4 planches coloriées, 1880. — Prix.. **3 fr. 50**

Travail des Laines Cardées. Cardage et filage, par A. Lorisch, édition française, par H. Danzer, ingénieur; in-8°, 86 pages et 52 figures. (1885). — Prix............ .... **3 fr.**

Tourbe.

La Tourbe. Son extraction et son emploi comme combustible industriel, guide pratique de la fabrication des briquettes de tourbe et pour leur utilisation générale en métallurgie, en verrerie, en cristallerie et pour le chauffage au gaz, par M. Lencauchez. — 1 vol. grand in-8°, avec atlas in-4° de 17 planches doubles. (1861). — Prix............ **7 fr. 50**

Tramways (Voir Chemins de Fer).

Manuel pratique de Traction des Tramways électriques, par Georges Daussy, chef de l'exploitation des tramways de Toulon, in-8°, planches et figures. Cartonné toile anglaise. — Prix **5 fr.**

Tramways et Chemins de fer électriques. Généralités sur la traction électrique. — Traction par prise de courant électrique. — Système moteur. — Traction par accumulateur. — Traction par système générato-moteur. — Chemins de fer à traction électrique. — Traction par unités multiples. — Métropolitain de Paris. — Traction par courants alternatifs. — Traction électrique sur routes. — Chemin de fer électrique suspendu, par R. Marie. In-16, fig. Cart. dos toile. Prix... **2 fr.**

Transport de la force.

Le Transport de la Force par l'Électricité, par Ed. Japing, ingénieur-électricien. — Troisième édition française. — Annotée et augmentée de la description des plus récentes applications du Transport de la force, par M. Marcel Deprez, membre de l'Institut. — 1 volume in-16, avec 49 figures dans le texte. — Prix........................... **5 fr.**

Extrait de la Table. — Introduction du transport de la force en général et en particulier du transport de la force par l'électricité. — Forces naturelles propres à être transmises par l'électricité. — Machines électriques pour la production du courant électro-moteur. — Théorie de la transformation du courant en travail. — Considérations théoriques concernant le rapport de la force à de grandes distances. — Emploi des machines électriques. — Les conducteurs électriques. — La propagation et la distribution du courant électrique. — Distribution du courant électrique. — Transformateurs et accumulateurs. — Procédé pour diminuer les pertes d'énergie. — Applications industrielles. — Rendement économique du transport de la force par l'électricité. — Appendice. — Nouvelles expériences du transport de la force.

Urine.

Manuel pratique de l'Analyse de l'Urine. Instructions pour l'examen chimique de l'urine ainsi que pour la préparation artificielle de l'urine pathologique nécessaire pour les besoins des exercices pratiques et de l'enseignement; avec un appendice : Analyse des sucs gastriques, par le professeur Dr Lassar Kohn, traduit de l'allemand, d'après la 3e édition, par Eug. Ackermann. — Prix .... **1 fr. 50**

Vannerie.

Manuel pratique de Vannerie. L'art du vannier à la portée de tous. — Outils et matières premières. — Paniers ordinaires. — Paniers carrés. — Paniers ronds. — Paniers ovales. — Paniers plats. — Paniers à provisions. — Vannerie de campagne. — Paniers en fibre de bois. — Paniers et objets de fantaisie. — Enveloppes pour carafes et bouteilles. — Vannerie de poche. — Réparation des paniers. — Fauteuils en vannerie. par P. Hasluck et L. Gruny. — 1 volume in-8° de 132 pages et 189 fig. — Prix. **3 fr.**

Vernis (Voir Couleurs).

Manuel pratique du Fabricant de Vernis. Gommes. — Huiles. — Térébenthines. — Huiles siccatives. — Vernis gras. — Vernis à l'essence. — Vernis à l'alcool, par E. Coffignier, 1 fort volume in-16, avec figures. — Prix.. **5 fr.**

Extrait de la Table des Matières. — Matières premières. — Analyses des gommes. — Résines et linoléates. — Les dissolvants. — Huiles végétales. — Les Térébenthines. — La gomme. — Les résineux. — Fabrication des huiles siccatives. — Diverses cuissons. — Fabrication des vernis gras. — Analyse et essai des vernis. — Différents vernis à l'essence. Leur mode de fabrication. — Fabrication des vernis à l'alcool. — Les principaux vernis à l'alcool. — Vernis mixtes. — Vernis au caoutchouc. — Vernis à l'eau.

Verrerie.

Douze leçons sur l'art de la Verrerie, par E. Péligot, suivies d'une note sur la peinture sur verre, par M. Salvetat, in-8° avec figures. — Prix réduit... **5 fr.**

Vinaigre.

Manuel pratique du Vinaigrier. Méthodes nouvelles de fabrication du vinaigre, par Ch. FRANCHE, ingénieur-chimiste. — Un beau volume in-16, nombreuses figures dans le texte.— Prix........ **4 fr. 50**

EXTRAIT DE LA TABLE DES MATIÈRES. — Acide acétique. — Propriétés générales. — Origine chimique de l'acide acétique. — Fermentation acétique. — Choix des liquides pour la fabrication du vinaigre. — Différentes méthodes : Méthode d'Orléans, Méthode Pasteur, Méthode anglaise, Nouvelles méthodes, etc. — Propriétés, traitements, conservation, emmagasinage. — Essai et analyse du vinaigre. — Falsifications.

Vins.

Manuel général des Vins (Nouvelle édition revue et corrigée), par Edouard ROBINET (d'Epernay).
Trois beaux volumes in-16, de 1.366 pages et 136 figures. — Prix. **15 fr.**

On vend séparément :

Tome Ier. — Vins rouges. — Vins blancs. — Vins artificiels........ **5 fr.**
Tome II. — Vins mousseux. — Champagnes............. .... **5 fr.**
Tome III. — Analyse des Vins. — Fermentation. — Falsifications... **5 fr.**

Note sur la fabrication des Vins mousseux dans les pays chauds, par E. ROBINET, 1 vol. in-16, 32 pages. — Prix **1 fr. 50**

Sucrage des Vendanges, avec les sucres purs de cannes ou de betteraves, par M. DUBRUNFAUT, 3e édit. (1880) — Prix réduit. **1 fr. 50**

Vieillissement des Vins et Spiritueux, par Frantz MALVEZIN. — Prix... **6 fr. 50**

Paris. — Imprimerie Vve DENIS, 31, Villa d'Alésia.

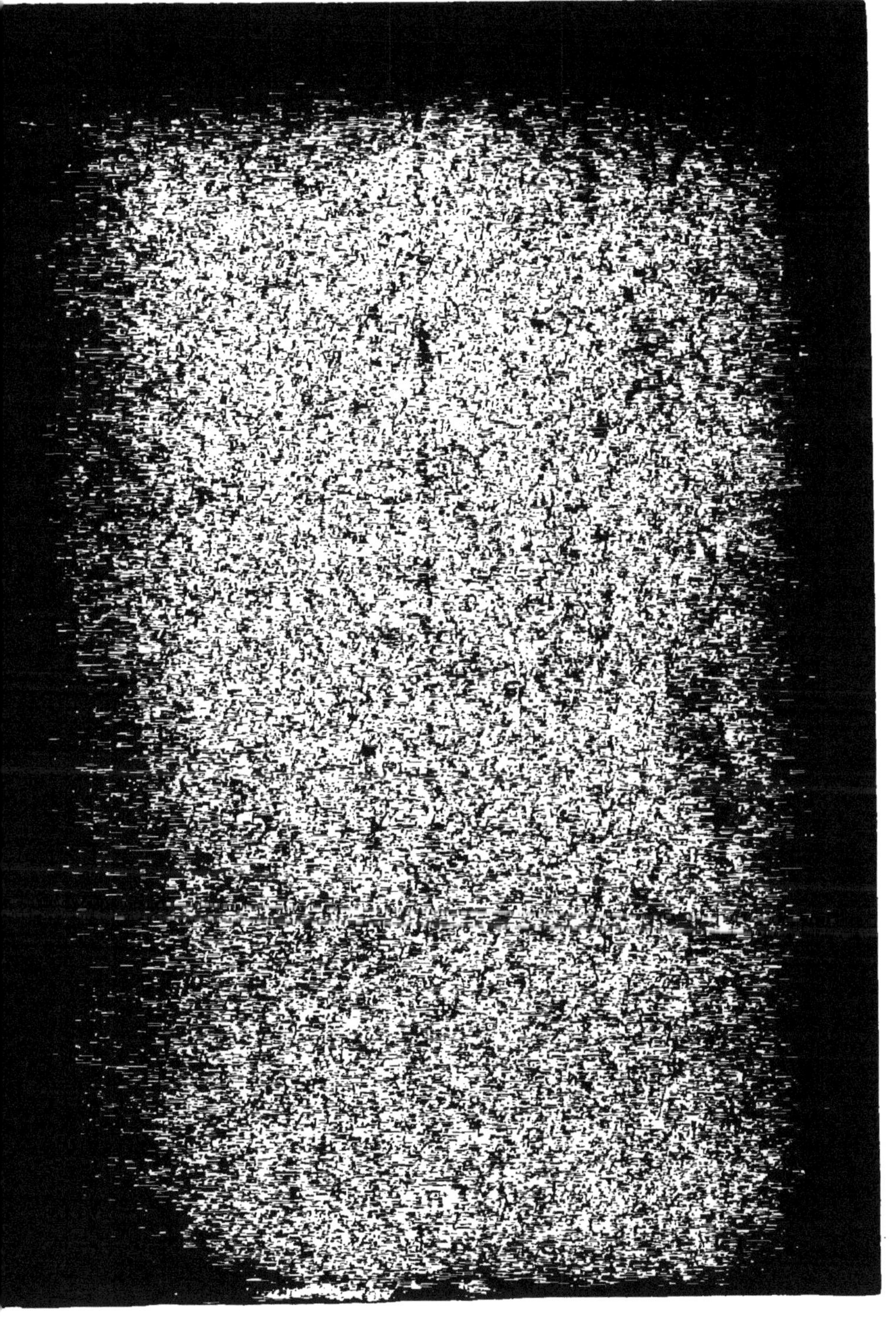